陈　宇
著

从此会上班会课

主题班会课设计教程

中国人民大学出版社
· 北京 ·

CONTENTS

目录

第二章 班会课的选题

第三章 班会课的类型

第四章 班会课设计概述

第五章 班会课的结构

第六章 班会课目标的确定

第八章 班会课的引导方法

第九章　提升班会课质量的方法

第十章 综合运用——各类班会课的设计思路与案例

自序·突破主题班会课设计难关

在班主任工作的各种专业技能中，设计主题班会课（以下简称“班会课”）是较为特别的一项。之所以说它“特别”，是因为诸如管理、沟通等技能，不管做不做班主任都是需要的，但设计班会课只有班主任才需要，不做班主任的老师基本用不着。

班会课的设计与学科教学课的设计，从方法到手段，都有所区别。很多教师虽然在教学上是行家里手，但对班会课设计却一筹莫展。班主任们迫切需要一本班会课设计的指导用书。

一、什么是主题班会课

迟希新教授把班会课解释为“在班主任的主导下，全体学生共同参与、为解决班级或学生成长中存在的教育问题、围绕某个主题而实施的班级活动”[①]。

我们可以围绕“主题班会课”这五个字来总结班会课的特点（见图1）。

---

① 迟希新.有效主题班会十讲：设计理念与实施策略［M］.上海：华东师范大学出版社，2022: 15.

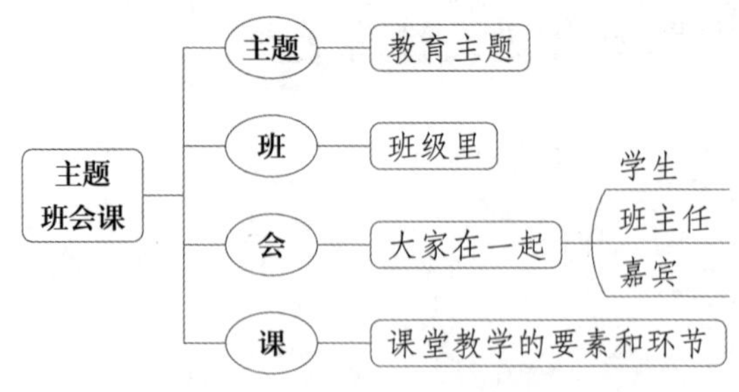

图 1　主题班会课的特点

如图 1 所示，班会课一定是有“教育主题”的“课”。既然是“课”，就应该具备课堂教学的基本要素和环节，比如组织、导入、学习、练习、反馈、小结等。因为班会课有大量的活动，要设置各种情境，其组织形式灵活多样，所以又明显不同于一般的学科教学课。“会”这个字，有“大家（师生及其他人）聚在一起”的意思，强调参与、互动，同时也说明班会课中的部分环节带有会议讨论的特点。所以，班会课是一种特殊的教育课。

所以，很多班主任平时上的、在课表上标明为“班（队）会”的课，实际上并不是真正意义上的班会课，只能叫班务处理或班级活动。前者包括班主任就班级问题对学生进行教育、训诫或处置；后者如组织学生学习包饺子、看一部电影或请家长来介绍某种技术等，虽然活动中也有一些教育元素，但不符合“课”的特征，故也不能算班会课。

二、班会课设计，难在何处

班会课是全班学生参与的，主要用于解决共性问题。班会课是面向集体的最佳教育方式之一。班级中和学生的大量问题都可以用班会课解决，班会课是解决班级问题最公正的渠道，而且在增强班级凝聚力、推进班级文化建设、提高学生综合素养，以及提升学生班级生活幸福指数等方面都能发挥重要作用。

但是，由于很多班主任不会设计班会课，加上工作繁忙，无暇研究、准备班会课，很多学校的班会课时间被随意挤占，故而能坚持上班会课的班主任不多。在很多情况下，设计班会课只是班主任技能大赛中的一项或仅作为公开课展示，并未进入班主任的日常教育工作，其重要的教育价值未能充分体现。

很多班主任都说："让我上学科公开课没问题，但让我上班会课不行，因为我根本不会上。"的确，不会设计、不会上班会课的情况在班主任中普遍存在。当然，设计班会课确实有一定难度。

首先，所有的班主任从业前都没有系统学习过班会课设计。

其次，班会课不同于学科教学课，它没有教材，没有"教参"。每节班会课班主任都要创作。

最后，每个人的知识结构都有局限性。教师往往只对自己所教学科的专业知识了解较多，但班会课的题材丰富、主题多变，涉及的领域及所需要的知识、技能大大超出教师个人的知识储备。比如，由于大多数教师没有专门学习过礼仪知识，如果要上一节关于"礼仪"的班会课，教师设计起来就会很困难，只能一边自学一边设计或者向专业人士求助。通过设计这节课，教师自己对"礼仪"有所了解了，但下一节班会课又是另一个题材，班主任又要重新备课。所以，设计任何一节班会课对班主任来说都是一次挑战。工作任务已经很繁重的班主任，没有充足的时间和精力来设计班会课。

以上是班会课设计难的客观原因。但是，这些困难并非不能突破。

三、如何突破班会课设计难关

尽管设计班会课有难度，但也不是没有破解之道，以下建议可供大家参考。

1. 分工合作

仅靠班主任个人的力量难以保证每周都设计出一节班会课，可以采用分工合作的方式，每个班主任负责设计几节，大家资源共享，每个人拿到方案后加以修改就可以在自己的班级里使用。这样几年下来，本校的班会课资源库就能充实起来。当然，资源库每年都要做适当的更新和增补。

之所以强调班会课资源必须实现“校本化”，是因为只有符合自己学校学生情况的班会课，教育效果才会好。直接从其他地方“拿来”的班会课不一定适合本校，就是因为班会课要根据本校各年级的情况设计才能适合自己的班级和学生。

2. 头脑风暴

仅凭班主任一己之力设计班会课，会有相当的难度。学校或班主任团队可以集体备课；根据课型和主题特点，还可以邀请心理教师及其他人员参加。每个人都有自己的想法和特长，用头脑风暴的方式应对班会课的设计非常有效。很多优秀的班会课都是集体备课、磨课的结果。

本书中的一些班会课例也是集体备课的成果。在此，对参与备课的我的同事，南京市第二十七高级中学的钱希卓、邓惠文、廖秋婧，以及广东省佛山市南海区小塘中学的李信老师等，表示衷心的感谢。

3. 移植借鉴

班会课有很多课例可供借鉴，班主任可以从别人的课例中得到启发并设计自己的班会课。

跨界借鉴也是一种值得推荐的思路。团建活动背后有大量的心理学、社会学理论支撑，综艺节目中更是充满新奇的创意。适当借鉴并根据自己学生的情况进行改编，可以起到事半功倍的效果。

班主任同时也是学科教师，有自己的专业特长，对教学方法也有研究。在学科教学中使用的很多方法，如启发式教学、情境教学、小组讨论等，在班会课上也可以使用。

4. 掌握规律

班会课设计是有章可循、有法可依的。无论哪种类型、哪种题材的班会课，其基本结构都差不多。只要把不同的内容用常用结构编排起来，就可以设计出一节中规中矩的班会课。如果能加上一些有个人特色和创意的做法，往往就是一节好班会课。

班主任在班会课的实施过程中，可以增长经验，提升实操水平。本书的主要目的就是帮助班主任学会班会课的设计方法。可以说，班会课设计一旦入了门，就“会者不难”了。

本书既介绍设计班会课的基本思路，又按照班会课的结构对每个环节具体如何设计做了详细解读。书中列举了一些课例，不是为了让读者模仿，而是用来解释设计思路和原理的，好让读者知其然更知其所以然。总而言之，本书就是要帮助读者学会自己设计班会课。

前言·班会课能给我们带来什么

上好班会课，最关键的不是技术，而是态度。如果班主任自己不愿意上班会课，那么再好的方法、再丰富的资源也没有用。

一、班主任要改变对班会课的态度

与学科教学任务相比，班会课是软任务。虽然每星期的课表上都会安排一节班会课，但上不上、上什么、怎么上，大部分学校并无硬性规定。与班级里马上就需要处理的问题相比，上班会课显得不是那么迫切。班会课成了“可上可不上”和“可以随便上上”的课，班主任也就不会特意研究班会课了。

如果班会课和学科教学课一样是必须要上的，那情况就不一样了——不会设计就要去学习。班会课的设计是一定能学会的，设计班会课用到的技术绝对不会比学科教学课更多。班主任既然能上好学科教学课，就一定能上好班会课。所有班主任的起点都一样，班会课设计高手也是从零开始的。只要用心学习，很快就能找到资源，掌握方法。

班主任完全不用担忧自己的性格、表达能力、才艺等方面有不足，这些都不是问题。因为班会课不是班主任一个人的表演，是班主任整合各个方面的资源，联合全班学生甚至家长共同完成的。

当然，设计班会课是一项复杂的脑力劳动，每个环节都要精心安排，环节之间的衔接要讲逻辑性；搜集、制作素材要花时间；班会课涉及的一些技术班主任并不熟悉，有的要“现学现用”；班主任要自学班会课涉及的理论，要调动学生进行课前准备；等等。班主任平时的工作繁杂，教学和管理的任务繁重，再花时间设计班会课确实会增加负担。

但是，班会课的教育效果是其他方式达不到的。班会课有丰富的表现手段和鲜活的素材。它可以制造各种情境，开展很多活动。它的上法不拘一格、灵活多变，给了班主任和学生自由发挥的空间。这些优势，传统的说教、灌输根本不具备。用班会课解决班级问题，可以获得比简单命令、训诫好得多的效果。可以说，班会课不仅是班主任做教育的常规武器，更是一种先进武器。

很多班主任不想上班会课，是因为没有体验过班会课的好处。他们在自己做学生的时候就没有见过精彩的班会课；工作以后，依然沿用老旧的方式做教育，没有尝试过用班会课这种智慧的方式。陈旧的方法简单，或许还很“有效”。既然如此，为什么还要用班会课这种费时费力的方式呢？这是很多班主任的想法。所以，只要不想上班会课，总能找到理由。而从本质上分析，提出这些理由的根本原因还是思维方式僵化，不愿意改变。

如果在设计班会课上花费的精力能够换来合理的回报（如学生的转变、班级的进步），那么班主任就可能会考虑上好班会课了。

如果利用班会课成功地解决了棘手的教育难题，那么班主任就很有可能建立用班会课解决班级问题的意识。

如果班会课取得了大大超出其他工作手段的教育效果，班主任就会愿意多上。

如果班主任在班会课上体验到巨大的教育成就感，那么，不用领导命令，他就一定会主动钻研班会课的上法，不断改进创新；他的班会课就会越上越精彩，而精彩的班会课又会鼓励他继续投入和研究。这样就实现了良性循环。

所以，要想让班主任不再拒绝上班会课甚至喜欢上班会课，单靠培训技术是不行的。只有班主任自己发现了班会课重要的教育价值，切实感受到班会课对学生成长、班级发展以及自己专业成长的作用，并且体会到了上班会课的乐趣，才有可能转变态度。

二、班会课对班级生活的影响

1. 班会课，让学生和班主任感受到教育的美好和力量

班会课的主要作用是教育，但好的班会课从来不会直接灌输道理。它总是隐藏教育目的，通过营造情境、叙事共情、提供良好的活动体验，让学生体会美好的情感，在不知不觉中获得感悟，内化为自身的觉悟和行动。这样的教育方式，会产生更为持久的作用。

在很多学生的印象中，教育就是自上而下的灌输，他们无法表达自己的真实想法。但是，在参与班会课时，他们会发现教育还可以这样做。有了班会课，他们就不再反感教育，因为他们会发现教育原来可以做得这样有趣、有意思。当然，这也提醒班主任，千万不要把班会课上成说教课。

2. 班会课，是师生每周的美好时光

班会课应是学生每周期待的美好时光。

初中、高中六年，班会课一共只有约 200 节，仅约占总课时量的四十分之一。即使这点儿时间，利用率也不高，班会课经常被挤占、挪用，甚至成为班主任“加课”的自留地。

可以想象，当学生期盼了一星期的班会课终于来临时，班主任却抱着一摞试卷来到教室，宣布用这节班会课做测验，学生的内心会是多么失望，甚至愤怒。

有的班级利用班会课时间每月开一次集体生日会，这项活动可能演变成全班学生最喜爱的“班级狂欢节”。小小一节班会课，大大提升了学生班级生活的幸福指数。

3. 班会课，让师生发现更好的彼此

（1）改善师生关系

班会课为师生双方提供了一个能够坐下来说话、静静思考问题、悄悄改善关系的绝好机会——议事型班会课发扬民主，活动型班会课师生同乐，访谈型班会课加强沟通。师生关系的改善，对班级管理有很大帮助。

（2）让班主任重新发现学生

在一次班会公开课之后的评课中，一位听课教师感慨道："课上那些精美的视频剪辑，我做不出来。"执教老师说他也不会做，是学生帮他做的。这位执教老师说现在的学生都非常能干，会什么的都有，班主任遇到困难时可以向学生求助。

班会课不单单是班主任教育学生的机会，也是学生锻炼自己、展示自己、获得成就感的机会。设计一节班会课需要整合素材，需要以音乐、视频、朗诵、情景剧等方式制造各种情境，需要安排对话、讨论、演讲、辩论等环节，这些都需要学生"倾情出演"。平时在班主任眼中乖巧听话、成绩优秀的学生，未必能在班会课上有出彩的表现。而一些平时调皮、有个性、有主见、兴趣广泛的学生，却常常能在班会课上大显身手。

班会课能让班主任看到成绩一般学生的才华和思想，重新发现学生。

（3）让学生看见"真实的"班主任

出于管理和维护威严的需要，班主任在学生面前经常会"端着"，刻意保持"教师"的形象；有些班主任的管理非常严格，令学生感到害怕。

在一节以"感恩"为主题的班会课上，一位平时非常严肃的班主任在说到动情之处时，居然热泪盈眶，泣不成声。这个"意外"大大地震撼了学生。不少学生受老师的感染，也流下了眼泪。这节班会课让学生改变了对班主任的印象，让他们看到了一个有血有肉的班主任，让他们看到班主任冷峻的外表下，也有一颗柔软的心。

4. 班会课，帮助班主任以专业能力赢得家长的信任和支持

班会课对家长也有很大影响。很多班会课需要家长配合，甚至需要家长参加；有些班会课的主题，如感恩、家校共育、改善亲子关系等，与家长直接相关。

班主课有时会请学生对家长做访谈、做问卷调查或搜集家长的故事；有些班会课还会请家长当嘉宾。在这些活动中，家长不仅能看到孩子的改变，更能体会到班主任的良苦用心，对班主任的工作会有更多的了解和理解。

班会课能让家长重新发现孩子。很多家长只关心成绩，对孩子的其他特长和能力视而不见。通过班会课，家长能发现自己孩子的新价值。

5. 班会课，改变着班级的文化氛围

班会课是一种重要的班级文化活动。在一个经常上班会课的班级里，学生往往会养成讨论的习惯，遇事能够保持冷静和理性，不会乱起哄，更加文明有教养，歪风邪气没有立足之处；师生关系也往往更融洽，学生的权利得到充分尊重，压力也能得到有效释放。一句话，与其他班级相比，经常上班会课的班级其风格和精神面貌有很大不同。

三、设计班会课是班主任专业成长的极佳路径

班会课的受益者不仅是学生和家长，班主任自己也是受益者。设计班会课是班主任提升专业能力最快、最好的方式之一。

1. 帮助班主任树立正确的教育观念

班会课最重要的是价值取向，价值取向是指它向学生传递了什么样的理念和价值观。如果价值观不正确，上课的技术手段越精妙，危害就越大。

判断一节班会课好不好，首先要看它向学生传递的价值观是否正确，其次才是呈现方式是否恰当。为此，班主任首先要审视自己的教育价值观，不要误导学生。多上班会课，就会多看资料，多思考教育的问题。这样有助于班主任树立正确的教育观念。

2. 促进班主任提升专业水平

设计班会课是对班主任综合素养的一大考验。要想设计好一节班会课，班主任必须有扎实的理论功底和较强的实践能力。

为设计一节班会课阅读一本甚至几本书，查找若干篇文献，是很常见的。在这个过程中，班主任的专业理论水平不知不觉就得到了提升。设计

班会课会“倒逼”班主任学习理论，提升专业能力。

在班会课上，班主任要想提出高质量的问题引发学生思考，要想使自己的点评起到画龙点睛的作用，没有一定的理论水平是做不到的。班主任只有加强学习，练好内功，才能在上班会课时底气十足。

班会课的题材多样，各种类型的班会课涉及的知识不同，其中大多数内容是班主任不熟悉的。这时，班主任应主动去学习而不是凭感觉备课。比如，要上劳动教育班会课，班主任就要学习国家关于学生劳动教育的文件和劳动的知识；要上礼仪班会课，班主任就要了解关于礼仪的常识；等等。

3. 培养关注社会、关心国家大事的意识

教师职业较为稳定，工作环境相对简单，接触社会不多。可以说，相当一部分教师生活在自己狭小的圈子里，仅满足于把教材上的内容和应试方法教给学生，以图学生在考试中获取高分。经常设计班会课的班主任则不同。班会课的题材很多都是社会热点问题，要想设计出受学生欢迎的班会课，班主任就必须与时俱进，引入新颖的素材。设计班会课可以培养班主任关注社会生活的意识，帮助班主任保持与社会同步发展的节奏。

4. 提升班主任的其他能力

班会课对班主任其他能力的提升作用也是显而易见的。组织班会课时，班主任需要综合运用各种引导方法和技术手段，同时需要具备较好的演讲能力和表达能力。班会课现场会生成很多问题甚至会有意想不到的场面出现，这对班主任的心理素质、应变能力和课堂掌控能力都是挑战。要想上好班会课，班主任需要有意识地学习、锻炼。经常上班会课的教师，其综合能力会大为提升。可以说，班主任敢上、能上班会公开课，就不会惧怕其他公开课。

5. 让班主任获得巨大成就感

准备一节班会课要花多长时间？如果班主任的技术娴熟，学生对班会

课的流程比较熟悉，班级也有讨论的氛围和习惯，那么，准备一节班会课就不需要多长时间。

而一节公开课或比赛课，则需要班主任精心准备，花费较多心思。班主任会觉得很累。那么，花这么多心思准备一节班会课去展示，值得吗？

当然值得。班主任不必每节班会课都像公开课那样去准备，但是，一个学期精心准备几节像样的班会课，还是非常有必要的。班主任若能每个月精心准备一节班会课，不出几年，教育能力必然会有大的提升。如果把平时上的班会课比作家常菜，那么这样的班会课就是饕餮盛宴。

总之，对班主任而言，班会课有以下重要意义：端正教育观念，增长教育知识，提升教育能力，体现专业素养，改善师生关系，获得教育成就感。

最后，我想说的是：只要你想做，就一定能做好！

第一章

班会课的规划

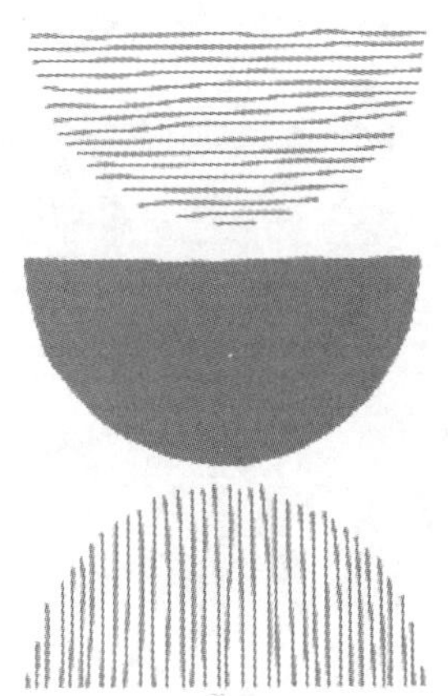

班级教育是系统工程。任何孤立的教育活动，作用都有限，只有系统的工作才可能取得较好的效果。所以，系列化、课程化是班会课的发展方向。

本章将讨论以下内容：

1. 规划班会课的意义。
2. “班会 +”概念与运用。
3. 规划一个学期班会课的方法。
4. 如何编制班级行事历。

一、规划班会课的意义

据个人调查，班主任在遇到以下情况时会想到上班会课。

①班级（学生）出现问题。如课堂纪律混乱、学生学习状态不好等。

②节日（纪念日）前后。如中秋节、母亲节等。

③配合学校工作安排或应学校要求。如考试前、放假前等。

④活跃气氛，帮助学生放松心情。如考试后。

此外，如果接受了赛课、公开课等任务，班主任也得准备班会课。

我们可以将以上情况归为“问题驱动”和“任务驱动”两大类。这都属于被动地上班会课。“凡事预则立，不预则废。”如果我们能提前规划班会课，就可以变被动为主动。规划班会课，至少有以下意义。

1. 提高班会课课时的利用效率

班会课在学校课程中所占的比例很小。一星期只有一课时，仅占全部课时的大约四十分之一，而且可能还会因考试、放假等原因减少一些课时。另外，因为缺少规划，“浪费”班会课课时的现象也很普遍。比如，将班会课时间用于处理班务、发通知，甚至将课时挪作他用。

没有规划，班主任本来就不知道这节课上什么，挪作他用也就很自然了。

2. 实施系统教育，取得“1+1 > 2”的效果

本书提出“班会 +”概念。所谓“班会 +”，就是将班会课与班级（学校）活动、班级管理、班本课程建设、学生个体教育等工作相结合，以取得比单一工作更好的教育效果（参见图 1-1）。

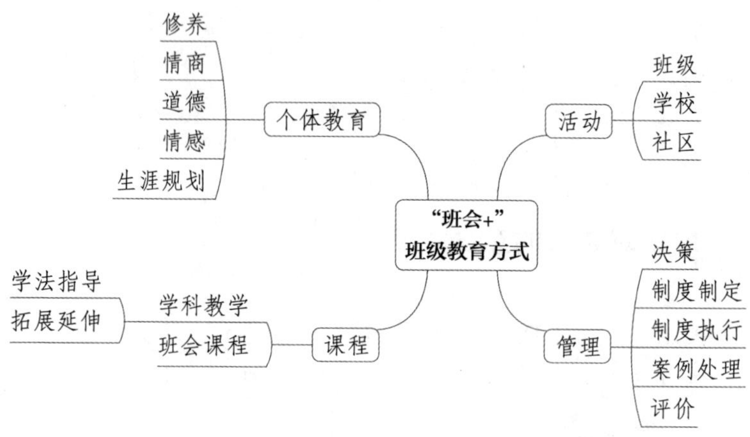

图 1-1 “班会+”教育思路示意图

所有活动都是班级教育系统的组成部分。它们目标一致，互相关联。只有将系统的各个部分通过规划有机地组合在一起，才能取得“整体大于各个部分之和”的效果。“班会 +”概念可以为班主任架构班级教育系统提供思路。

【案例 1-1】 培养班级团队精神的系列活动设计

新班级组建后，学生彼此陌生，此时的班级还不能称为“团队”。所

以，第一个学期班级建设的重要任务之一就是培养学生的团队精神。无论是学生个人还是班级整体，没有合作意识和团队精神，是不大可能持续发展的。团队精神的培养不可能通过一节课、一次活动就能完成。在一段较长的时间里开展系列教育活动，可以取得较好效果。

团队精神包括互相欣赏、互相帮助、同心同德等，它们的基础是奉献精神。如果大家都自私自利，各自为战，班级就不可能有团队精神。经反复策划，培养团队精神的系列活动定名为："我能为班级做什么？"

学生来到新学校后，想得最多的是："学校能为我提供什么？""学校能保证我考上好大学吗？"也就是说，他们考虑自己比较多，为他人、为班级考虑得比较少。

班主任要通过教育让学生明白，只有多奉献才能多收获。班主任若采用"班会+"思路，让班会课充分发挥串联、强化、提升作用，会取得较好效果。

活动主题：我能为班级做什么？

教育目标：

1. 培养学生的责任意识和奉献精神。

2. 培养班级的团队精神。

活动时间：高一年级第一学期。

活动内容：参见表 1-1。

表 1-1 "我能为班级做什么？"系列活动安排

周次	活动（工作）主题	活动类型
1	**班会课：同学，你好！**	破冰活动
1	班级工作岗位招聘	管理活动
2	启动每周"班级之星"评选	评价活动
2	**班会课：班级未来畅想曲**	班会课
3	启动"值日班长"制	管理活动
4	**班会课：我为班级订公约**	班会课

续表

周次	活动（工作）主题	活动类型
7	**班会课：独善其身与兼济天下**	班会课
11	中期表彰，评选“关心集体特别奉献奖”	评价活动
12	**班会课：奉献者吃亏了吗？**	班会课
13	主题征文《我能为班级做什么？》并评奖	文化活动
14	征文颁奖暨主题演讲《我能为班级做什么？》	文化活动
15	启动导师制学习互助计划	学习活动
18	迎新年系列活动：美化教室、许愿、联欢等	文化活动
19	班干部自评、述职，班级评选优秀班干部	评价活动
20	评选优秀科代表、优秀值日班长、优秀组长等	评价活动
21	评选“感动班级十大事件”	评价活动

表 1-1 中有五节班会课（字体加粗者）与本主题密切相关，它们贯穿整个学期，相互关联、不断深化，取得了较好效果。

主题班会课的教育作用不仅体现在“这节课”上，更与班级各项教育活动密切关联。班会课承前启后，与其他班级工作一起，组成完整的班级教育体系。请参见案例 1-2。

【案例 1-2】“班会 +”模式的运用实例

在案例 1-1“我能为班级做什么？”系列活动中，第 12 周进行的主题班会“奉献者吃亏了吗？”是在第 11 周“关心集体特别奉献奖”的评选后进行的。第 10 周期中考试过后，各班大多围绕考试成绩进行总结，有关表彰也大部分颁发给成绩优秀的学生。但是在本班，“关心集体特别奉献奖”却是分量最重的一个奖项。这个评选和第 19—21 周的评选都是配合本学期主题教育的。活动设计的思路是“班会 + 评价”，强化评价对学生价值观和行为的引导作用。

班会课“奉献者吃亏了吗？”的设计较简单，一共有三个环节。

1.“关心集体特别奉献奖”颁奖仪式

①宣布获奖名单。

②发布获奖者海报。

③宣读颁奖词。

④颁发奖品。

2. 获奖者发表获奖感言

获奖者结合自己半学期的经历谈谈有关奉献的酸甜苦辣。

3. 班主任点评

①奉献是幸福的。如果有能力让别人感觉幸福，那么我就是幸福的。

②团队的成绩有我的贡献，我是班级里不可或缺的一员，我在奉献中体现价值。

③奉献让我获得老师的认可，得到同学的友谊。奉献者在班级的地位是崇高的。

④我奉献，我帮助别人，我有困难时也会得到别人的帮助。我因为有团队而变得更强大。

设计意图：以上点评依据积极心理学中关于幸福的理论设计。积极心理学认为，有奉献精神的外向性人格可能通过两种方式获得幸福感。第一，因奉献导致积极结果，引发积极情感，获得主观幸福感。比如，奉献者会因为做了好事而感到快乐。第二，有奉献精神的外向性人格通过自己的表现，营造引发积极情感的情境，获得主观幸福感。比如，奉献者因为得到大家的认可而感到快乐。

班会课“奉献者吃亏了吗？”结束后，本班开展了《我能为班级做什么？》主题征文活动并进行了优秀征文演讲。

设计意图：通过“班会＋征文”的方式巩固班会课的教育效果，强化学生乐于奉献的意识，巩固已经初步形成的团队精神。

3. 保证班会课的效果

“凡事预则立”。有规划后，我们就可以提前准备，避免“临时抱佛脚”。准备充分，班会课的效果自然就好。

比如，我们可以将有些班会课的主持工作承包给各个小组。班会课主题确定后各小组即可提前确定主持人，提前研究班会课方案。每个小组只需要集中精力完成自己小组的任务。这种化整为零的方法也有赖于规划。

有规划，班主任对一个学期要上的班会课以及时间点便能做到心中有数，平时就可以注意搜集案例和素材，思考方案。

以上内容，可以用图 1-2 总结。

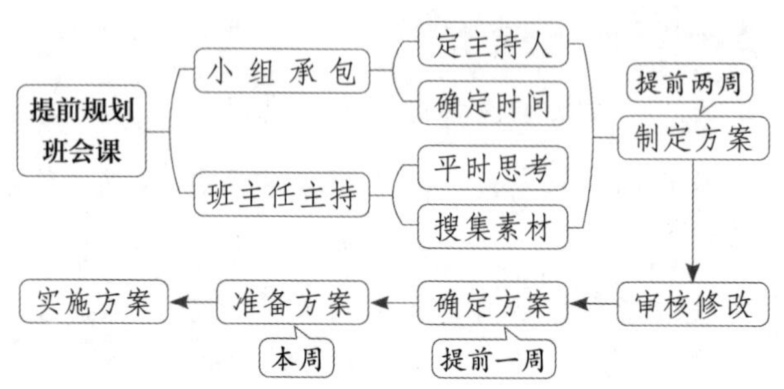

图 1-2　班会课的规划与实施

二、规划班会课的依据

规划班会课的依据有以下几点。

1. 学期教育主题

班级应该有以学期为单位的教育主题。确定学期教育主题的依据主要有两个。

（1）学生成长中的共性问题

学生从进入小学到高中毕业，从儿童期到青春期，身心变化很快，一年一个样甚至几个月大变样。入学、升学是关键时间节点。所以，每个学期都应有不同的教育重点。

美国心理学家爱利克·埃里克森（Erik Erikson）根据自我意识的形成和发展，把人的一生分为八个阶段，包括四个童年阶段、一个青春期阶段和三个成年阶段。每个阶段都建立在前一阶段的基础之上，各个阶段紧密相连。

每个阶段都有相应的核心任务。若任务得以恰当解决，人就会获得较为完整的同一性，形成美德；若处理不成功，人就会出现个人同一性残缺、不连贯的状态。所以，解决每个阶段的核心任务，培养每个阶段对应的良好品质，事关一个人的终身幸福（参见表 1-2）。

表 1-2　埃里克森人生阶段理论要点

序号	发展阶段	阶段名称	年龄段	心理冲突	需要培养的良好品质
1	童年阶段	婴儿期	0—1.5 岁	信任与不信任	希望
2		儿童期	1.5—3 岁	自主与害羞	意志
3		学龄初期	3—6 岁	主动与内疚	目标
4		学龄期	6—12 岁	勤奋与自卑	能力
5	青春期阶段	青春期	12—18 岁	自我同一性 与角色混乱	诚实
6	成年阶段	成年早期	18—40 岁	亲密与孤独	爱
7		成年期	40—65 岁	生育与自我专注	关心
8		成熟期	65 岁以上	自我调整与绝望	智慧

按此理论，学生在中小学读书期间（以 6—18 岁计）经历的发展阶段包括学龄期和青春期。这两个阶段的重要性不言而喻。埃里克森的人生阶段理论给学校的德育工作带来启示，也是确定各学期教育主题的重要依据。

【案例 1-3】　高中三年六个学期的教育主题

高一第一学期，学生刚刚从初中升入高中，面临全新的高中生活，学习方式和生活节奏以及学校要求都与初中时期不同。此时班级的教育主题应该是初高中的衔接和规则意识的培养。

高一第二学期，学生已经基本适应高中生活。根据现行的高考政策，这个学期学生要选科分班。分班工作一般在学期结束时完成。如果能赶在选科分班前完成生涯规划指导，意义十分重大。

高二第一学期，班级重组，学生在高中第一次遭遇“各奔东西”，原来要好的同学分开了。对刚刚熟悉了高中生活节奏的学生而言，此时最大的问题莫过于心态和人际关系发生了较大变化。所以，班主任的首要任务是让学生适应新班级，重建人际关系，从内心认可新班级。

高三的主要任务是应对高考。在此过程中，学生的压力加大，可能会出现各种状况，需要努力保持良好心态。

所以，我们可以根据这些问题，制定高中各个学期的教育主题（参见表 1-3），班会课围绕本学期的教育主题组织。

表 1-3　高中各个学期的教育主题

年级段与学期	班级特点	教育主题
高一第一学期	新建班	衔接适应、规则意识
高一第二学期	选科分班	立志教育、生涯规划
高二第一学期	重组班	团队建设、合作意识
高二第二学期	准毕业班	自我管理、自主学习
高三第一学期	毕业班	目标管理、励志教育
高三第二学期	冲刺班	身心健康、感恩教育

（2）班级的特点与建设目标

即使是在同一所学校、同一个学段，各个平行班的班情、学情也是不一样的。每个班级每个学期都面临不同问题，也都有一定的班级发展目标。班主任可以针对自己班级的情况制定本班的重点教育内容。

建议每学期安排不少于五分之一的班会课课时（4 节课或以上）用于完成学期主题教育。学期主题教育可以形成一个系列，配合其他教育形式，贯穿整个学期。

2. 学期各时段的工作重心

学期教育主题是规划班级教育活动的总体依据，但各项活动具体安排在什么时间段进行，则需要结合学校的工作安排来确定。活动必须与班级运行的节奏相匹配，以促进班级各项教育目标的达成。

学校工作的规律性很强，每个学期有三个关键时间节点：学期初（2周）、学期中（2周）、学期末（3周），共7周。这7周的工作内容比较明确，有些甚至是学校层面安排的，不能随意更改。所以，这几个星期将以完成规定的任务为主；其余时间，活动内容安排可以灵活一点，主题教育、班级活动或班本课程大多安排在这些时间里。具体可参见图1-3。

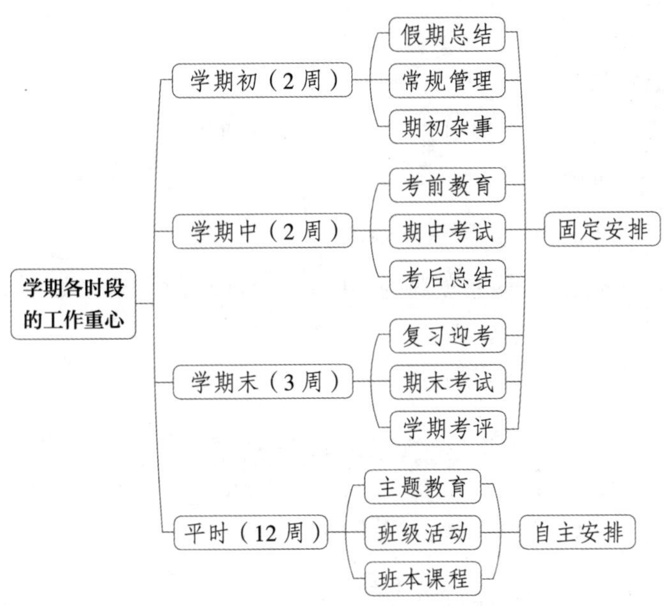

图1-3　学期各时段的工作重心

3. 班级传统文化活动

有些班级有自己的节日。这些活动一般都是在班会课时间进行，可以预先安排进去。

此类活动按每月1次计，大约需要4课时。

4. 重要的节日、纪念日

每个月都有比较重要的节日、纪念日，如九月的教师节、十月的国庆节、十二月的国家公祭日等。这些节日和纪念日都是固定的，与此相关的班级活动完全可以提前规划。但是，提前规划看似简单（查查日历即可），却不容易做好。因为节日、纪念日每年都一样，如果“过什么节就组织什么活动”，那就容易落入说教灌输、形式主义的俗套。若去年国庆节已经谈过爱国了，今年国庆节再谈爱国，明年国庆节还是谈爱国，加之形式上没有创新，就很难吸引学生热情参与，也难以取得好的教育效果。所以，与节日、纪念日相关的活动的主题和方案要与班级文化建设的进程及学生的年龄段特点相匹配。

5. 机动课时

每学期应预留 4 个课时左右（每个月 1 课时），以应对可能出现的各种问题及突发事件。

综合以上考虑，一个学期约 20 节班会课课时，可以如图 1-4 中所示分配。

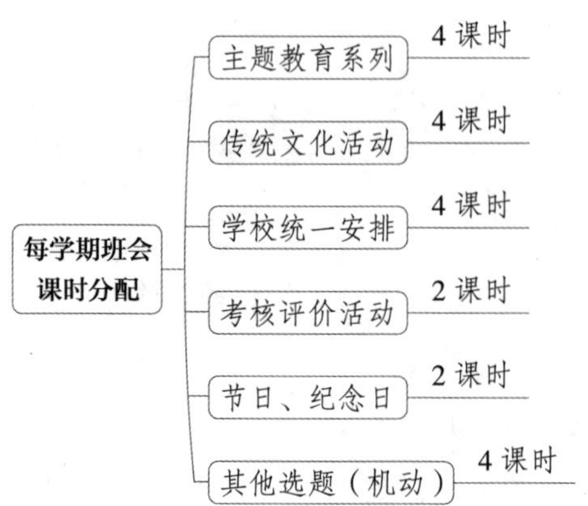

图 1-4　每学期班会课课时分配建议

要注意的是，这是“班会课课时”的安排建议，不是“班会课”的安排。因为有的活动是利用班会课时间组织的，但内容不是“班会课”。因为各种情况，一个学期真正能上的班会课不可能达到20节。

三、班级活动（含班会课）的安排方法

1. 编制班级行事历

班主任可根据校历自己编制“班级行事历”。班级行事历是辅助班主任安排班级工作、制订班会课计划的工具。学生可以用它安排自己的学习和生活，所以“班级行事历”深受学生和家长喜爱。

班级行事历以周为单位，将一个学期的全部时间列在一张大表上，表上依次注明放假调休、重要节日、学校工作等，具体可参见表1-4。

表1-4　班级行事历模板

周次	一	二	三	四	五	六	日	放假调休	重要节日	学校工作	班级工作	板报主题	备注
1	3.1	2	3	4	5	6	7						
2	8	9	10	11	12	13	14						
3	15	16	17	18	19	20	21						
4	22	23	24	25	26	27	28						
5	29	30	31	4.1	2	3	4						
…………													

2. 根据班级行事历安排班级活动

我们可以根据图1-4的班会课课时分配建议，把班会课主题放入班级行事历中。为了使版面紧凑，可以只在行事历中列出班会课主题的关键字，将具体安排放在另外一张表中。具体步骤如下。

①根据班级行事历，把所有能开班会课的课时找出来。

②根据期初、期中、期末的工作特点，安排相应的班会课。如考前动员、期中考试后的总结表彰、期末的各项考评等。

③安排班级传统文化活动。如集体生日会、班级讲坛等。班级传统文化活动是比较容易规划的，但不宜过多。

④把班级本学期主题教育活动安排在适当时间。先留出时间，方案待定。

⑤研究本学期的重要节日、纪念日，看看有没有与班级主题教育匹配的，挑选一两个安排成班会课。

④⑤两项可以合并。

⑥将以上内容安排完，一个学期的班会课课时通常已所剩无几。可以征求学生意见（可做问卷调查），让学生以小组为单位讨论，提出建议，确定最后剩余课时的班会课内容。

可以为这些暂未确定的内容预留课时，在安排表上注明“待定”，在备注栏写上“某小组负责”“招标确定”等。

⑦每半个学期至少预留两个机动课时。可以提前准备好机动课时的内容，如果原先安排好的班会课时被占用，则用机动课时弥补，准备好的内容不用；如果一切按计划进行，机动课时就是多出来的，把准备好的内容用上去即可。

班级可以根据自己的情况开发和组织系列活动，也可以有自己的节日。在设计班级系列活动时要注意，不要为组织活动而组织活动，活动要有一定的教育目标。活动不一定采用班会课的形式，但要有教育意义，对学生成长、提升素质和缓解心理压力要起到一定作用。

表 1-5 列举了一些适合在班级里开展的活动。开发系列活动时要因地制宜，充分利用本班资源。

表 1-5 适合在班级里开展的活动（非班会课类）

活动类型	序号	活动示例	活动类型	序号	活动示例
益智类	1	学习交流	文娱类	19	故事会
	2	知识竞赛		20	影视欣赏
	3	专题讲座		21	动漫展
	4	读书活动	综合类	22	美化环境
	5	旅行见闻		23	班级展览会
	6	艺术欣赏		24	班级演讲会
	7	课题研究		25	班级朗读者
体育类	8	趣味运动会		26	班级辩论会
	9	小型比赛		27	班级摄影展
	10	团队游戏		28	班级书画展
	11	健身活动		29	名人访谈
文娱类	12	唱歌		30	教师访谈
	13	跳舞		31	家长访谈
	14	才艺表演		32	班级讲坛
	15	小品会演		33	手工制作
	16	戏剧表演		34	班级跳蚤市场
	17	模仿秀		35	班级美食节
	18	时装秀		36	公益活动

下面是班级活动安排示例（含班会课）（参见表1-6）。

表1-6　班级活动安排表（高一第二学期）

周次	活动内容	活动类型	主持人	备注
1	期初动员，上学期表彰	班会课	班主任	准备颁奖活动材料
2	生涯规划指导 1	班会课	班主任	“我的梦想”
3	生涯规划指导 2	班会课	班主任	“天生我材必有用”
4	三月集体生日会	综合活动	二月份过生日的学生	提前两周通知主持人
5	班级汉字听写大赛（初赛）	益智活动	学习委员	提前三周准备试题
6				清明节放假
7	班级汉字听写大赛（决赛）	益智活动	学习委员	组长提前通知
8	生涯规划指导 3	班会课	班主任	“我的目标”
9	四月集体生日会	综合活动	三月份过生日的学生	利用春游的机会
10	生涯规划指导 4	班会课	班主任	“我的大学”
11	“母亲节”活动	班会课	招募	机动课时
12	班级美食节	综合活动	生活委员	提前一周布置
13	手机管理教育	班会课	班主任	机动课时
14	五月集体生日会	综合活动	四月份过生日的学生	提前两周通知主持人
15	班级趣味运动会	体育活动	体育委员	提前三周准备
16				学校是高考考场
17	六月集体生日会	综合活动	五月份过生日的学生	提前两周通知主持人
18	“友谊地久天长”	班会课	班长、文娱委员	机动课时
19				期末考试

在实际操作中，班会课课时不可能全部用于班会课。但是，只要每学期都坚持上几节班会课，并有一定主题，对学生的影响就会比较全面。

思考与实践

1. 参考表1-3，尝试根据自己班级的情况确定本班各学期的教育工作重点。

2. 参考日历和本校校历，编制一份本班的班级行事历。

表格左侧列出一个学期的日期和星期，以周的形式编号，比如本学期是3月1日（星期一）开学，这个星期就是第一周。周次编号与校历保持一致。星期六和星期天可以用不同颜色显示，以示区别。每个月份用不同底色，这样比较醒目。接下来，从左向右，根据实际需要设置若干个栏目。比如：

①国家法定的假日和调休安排（要标注实际上课的日子）。

②重要的节日、纪念日，特别是和学生教育有关联的。

③学校重要的工作时间安排，如期中考试、期末考试、放假、运动会、春游等。

④班级自己的安排（没有安排的可以暂时空着，以后补上）。

最后留一列作为“备注”。我们可将做好的班级行事历打印出来，发给学生，方便学生做学习计划。可以将电子版发到家长群，方便家长了解学校和班级的工作安排。

- **班会课的规划**
  - 规划班会课的意义
    - 提高班会课课时的利用效率
    - 实施系统教育，取得“1+1 ＞ 2”的效果
    - 保证班会课的效果
  - 规划班会课的依据
    - 学期教育主题
    - 学期各时段的工作重心
    - 班级传统文化活动
    - 重要的节日、纪念日
    - 机动课时
  - 班级活动（含班会课）的安排方法
    - 编制班级行事历
    - 根据班级行事历安排班级活动

第二章

班会课的选题

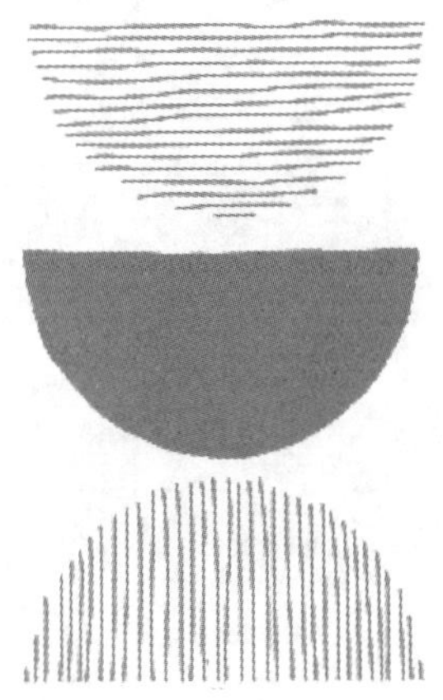

班会课选题的来源非常多样。班会课的素材丰富多彩。

本章将讨论以下内容：

1. 班会课的选题原则。
2. 不适合在班会课上讨论的问题。
3. 班会课的选题规划。
4. 班会课的临时选题。

一、班会课的选题原则

好选题是班会课取得好效果的前提。

班会课题材的来源很多样，但各个主题的教育价值不一，而班会课的课时却是有限的，因此我们需要仔细选择。

班会课的选题原则主要有以下几点。

1. 目标驱动

问题和任务是班主任上班会课的两大动因，但这两大动因都是被动的。建议班主任多用“目标驱动”，主动选择班会课的题材。

班主任工作的总目标是通过各种教育形式促进学生发展。总目标可被分解为各项具体工作的目标，比如班级管理目标、班级文化建设目标、学生成绩推进目标、学生品德培养目标等。这些目标是分阶段的，每个阶段都有阶段性目标。

班级发展目标体系的结构大致如表 2-1 所示。班主任不可能也没必要把各个学期的具体目标都列出来，只要对学生的长期（比如三年）发展有个战略构想即可。每个学期的目标则是具体的，一个学期的目标如何制定要看上学期目标实现的情况。这样一步一步走，逐步达成培养学生的大目标。

表 2-1　班级发展目标体系示意图

发展目标	第一学期	第二学期	……
班级管理	1.……	1.……	……
	2.……	2.……	……
	3.……	3.……	……
文化建设	1.……	1.……	……
	2.……	2.……	……
	3.……	3.……	……
成绩推进	1.……	1.……	……
	2.……	2.……	……
	3.……	3.……	……
品德培养	1.……	1.……	……
	2.……	2.……	……
	3.……	3.……	……

班会课的主要作用是立德树人。

班主任要具备目标管理意识。目标管理是专业的、先进的管理理念。目标管理强调“以终为始”——先确定目标，再围绕目标开展工作。目标决定班会课的选题。

那么，如何对班级出现的问题或上级布置的任务进行目标管理呢？班主任首先要做转换，发现问题或任务中与目标契合的地方，尽量向目标靠近，将目标融入其中。这样，解决问题或者完成任务就变成了实现目标过程中的行动。

【案例 2-1】“双赢”的班会课

某位班主任接到学校的任务，要参加一个班会课赛课。要求是借班上课，课题是“明礼重仪”。任务要完成，但不是为完成任务而完成任务。在大的课题框架里选哪一个具体主题是班主任可以决定的。考虑到班级最近正在做引导学生文明上网的工作，于是班主任在礼仪和上网中找到了契合点，将选题确定为“礼上网来”。班主任在本班试讲，既很好地为赛课任务做好准备，又对自己的班级进行了教育，实现了“双赢”。

2. 虚实结合

班会课的选题可以分成“虚”“实”两大类。

务实型选题着眼于解决班级或学生中比较突出的实际问题。比如，班会课“今天，我们怎么上课”讨论班级课堂规范，解决班级当下的问题。务虚型选题从学生成长的角度出发，进行品德教育和价值观引导。比如，班会课“心怀理想，逐梦远方”讨论的是人要不要有理想、怎么树立理想的问题。这类班会课往往不直接解决表面上的麻烦，而是侧重价值观引导、美德培养，更关注学生心灵的成长。

这两类选题实际上是分别从“近”和“远”两个维度去考量的。两种考量，一个治标，一个治本，都是必要的。班主任可以根据班级学生的实际情况，将两类选题结合起来。

3. 转换立场

选题应该从学生的需要出发。在教育中，观察一个事物有两个立场——教师立场和学生立场。采取不同的立场，对同一个题材会有不同的关注重点。所以，班主任要走到学生中间，了解学生最想讨论什么，才能找到合适的选题。

【案例 2-2】 有关班级问题的选题——以“争创先进班级”班会课为例

每个班级都应当争取优秀、争创先进，因此需要上一节“争创先进班级”的动员班会课——这是班主任的想法。但是，如果从学生的角度观察这个命题，可能就会有不少新发现，具体可参见图 2-1。

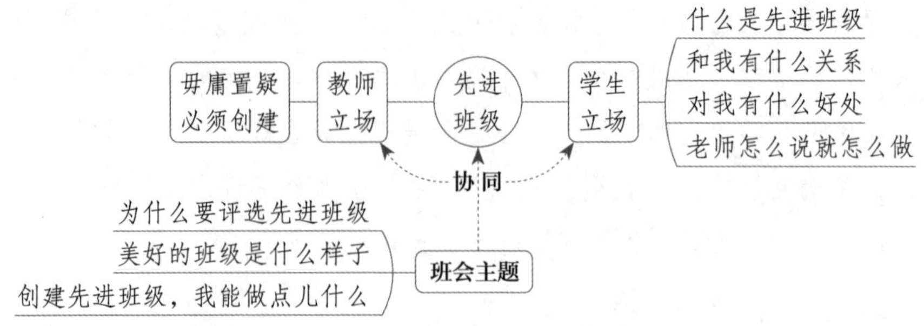

图 2-1 “争创先进班级”班会课选题思路

寻找班会课的选题时，班主任如果不尊重学生的想法，只是灌输自己认为对的那些道理，就不能让学生真正参与进来，也就更谈不上激励学生了。如果班主任能找到教师立场和学生立场的契合点，那么班会课不仅可以上得生动活泼，学生也有更多的话可说。师生在班会课上达成共识，会更有执行力。

【案例 2-3】 有关社会热点事件的选题——以科学家霍金为话题的班会课为例

2018 年，美国科学家史蒂芬·霍金（Stephen Hawking）去世。这在当时属于社会热点事件，可以作为班会课的题材。班主任首先要想明白自己想做什么和学生需要学什么，从哪一个角度切入和学生发展状况关联度最大，想清楚这些后再规划选题。小学一年级和高三年级、文科班和理科班，都可以谈霍金，但谈的内容和方式肯定是不一样的。

下面的三个思维导图（图 2-2、2-3、2-4）可以帮助我们弄清楚这个选题的思路。

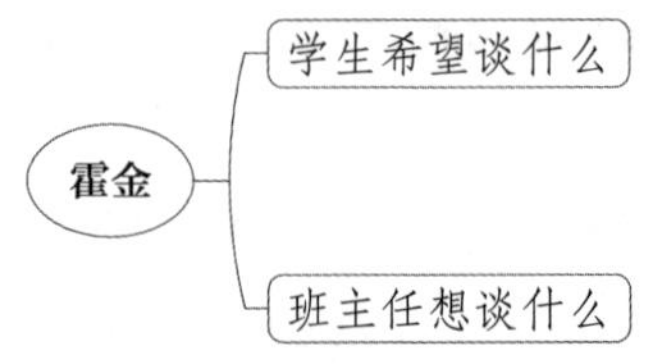

图 2-2 关于霍金的班会课选题思路 1

在选择题材时，很多班主任考虑的是班级的特点和教育的需要。但是班主任也要深入学生中间，去了解学生想谈什么。最好在两者之间找到一个平衡点，学生感兴趣、有话可说，班主任也能达到教育目的。

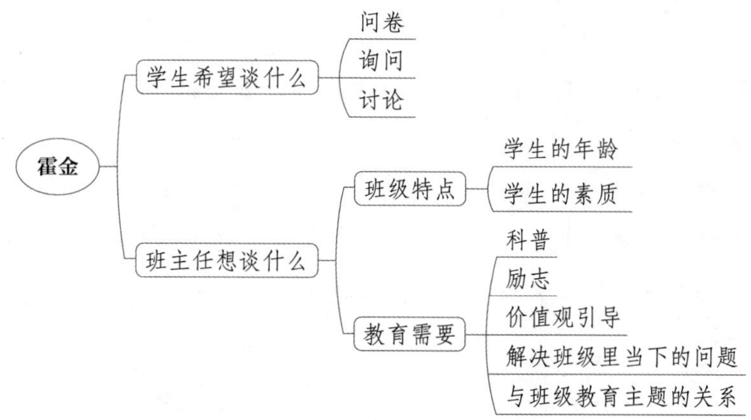

图 2-3　关于霍金的班会课选题思路 2

基于学生立场拓展思路，班会课的选题就会更加多样。每个角度都有独特价值。将一个话题进行多重解读，甚至可以做成系列。

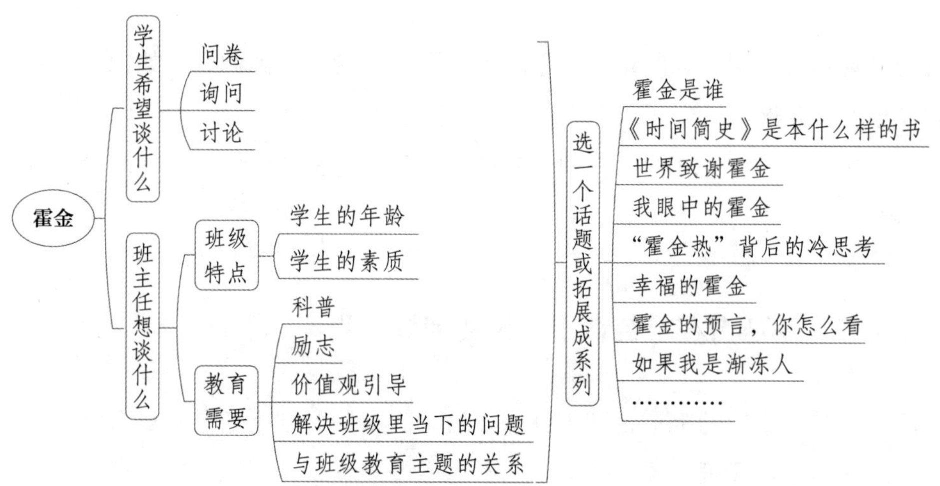

图 2-4　关于霍金的班会课选题思路 3

4. 小中见大

班会课的主题不能是抽象的教育概念。班会课的选题要具体化，切口要小，小中见大。世界和平、国家昌盛、保护地球等，终究还是要通过具体的、身边的问题得以诠释。

【案例 2-4】 有关“提升学生的素养”的班会课选题——以“5S 管理”班会课为例

提升学生的素养是重要的教育工作。“素养”是个比较抽象的概念，也是个大概念。培养学生什么素养？这些素养对学生个人和班级发展有什么意义？如何培养？具体到一节课，只能讨论某一种素养甚至是某种素养的一个方面。

“5S 管理”是一个关于培养学生素养的班会课选题。“5S 管理”源自日本风靡全球的品质管理理念。“5S”代表五个词：整理（Seiri）、整顿（Seiton）、清扫（Seiso）、清洁（Seiketsu）、素养（Shitsuke）。前四个 S 都是具体的动作，我们可以举出大量实例并现场操作，最后一个 S（素养）是提升。此处的素养指什么？指做事认真严谨，有良好的教养和习惯。这样的班会课选题“小中见大”，不会流于说教。

规划班会课选题的重点是贴近本班学生，解决实际问题，如此学生的参与度才会较高。

选题考验班主任的教育理念和教育智慧。选题决定班会课的高度，也影响班会课的质量。

二、不适合在班会课上讨论的问题

不是什么问题都适合在班会课上讨论。有些问题不需要开班会课，有些问题不适合开班会课，有些问题不能通过开班会课解决。班会课不是万能的。

班会课是把问题暴露在全班面前，让大家进行讨论研究。但有些问题，范围越小越有利于解决。不合适的班会课可能把学生一些比较私人化的问题公开，搞得全班尽人皆知，对当事学生造成困扰。

举个例子，班级出现了失窃事件，是不是需要开班会课？这个要视情况而定。一般来说，不宜直接针对失窃事件开班会课——丢东西的原因没有搞清楚不能开，丢东西的原因搞清楚了也不一定能开。首先，丢东西的原因很复杂，若涉及具体的学生就会很敏感。其次，这不是普遍现象。最后，这可能也不是一个道德问题。所以，建议个别解决。但是，如果转换一下角度，开一节关于“在学校如何保管自己的财物”的班会课就是可以的。

不适合或不能开班会课的问题主要有以下几种：

①政治敏感问题。

②不符合当下社会主流价值观的问题。

③不具有本班或本年龄段学生共性的问题。

④涉及学生隐私或很私人化的问题。

⑤尽管不指名，但学生都知道或都怀疑与某同学有关的问题。

⑥有可能给相关学生造成困扰的问题，无论是表扬还是批评。

⑦事实不清的问题。

三、班会课的选题规划

班会课的选题可分为规划选题和临时选题两类。

本书第一章已讨论过班会课的规划方法。班会课的选题规划与班会课的规划是同步的。

可以提前规划的班会课选题包括以下几种：

①学期主题教育选题。

②班级文化建设选题。

③节日或纪念日选题。

④与学校的重要工作和关键时间节点匹配的选题。比如，重大考试前的诚信教育工作；考试后的分析与总结工作；期初的“收心工作”；期末的

总结工作；期中、期末的评价表彰工作；大型活动（如运动会、秋游、社会实践）前后的动员和总结、汇报工作。

【案例 2-5】 新生开学季班会课选题

新生入学（特别是进入中学）后，要解决熟悉新学校的环境和建立新的人际关系问题，部分学生还需要调整心态。从班级组建之初，班主任就要有长远发展的想法。所以，新班组建后的前几节班会课非常重要——每节课都有不同的任务，几节班会课形成系列，共同帮助学生适应新环境。具体可参见表 2-2。

表 2-2　新班级第一个月班会课选题

周次	主题	内容	说明
1	你好！同学	认识同学，初步建立友好的生生关系	自我介绍，破冰
2	老师好！	师生互动，初步建立良好的师生关系	利用教师节的机会
3	早安！校园	捕捉校园中的美景和精彩瞬间，感受学校之美	培养观察力，初步建立对学校的感情
4	班级未来畅想曲	畅想班级愿景，为建设美好班级而努力	用班级愿景凝聚人心
5	我为班级订公约	师生共同制订第一份班级公约	开始建设班级的具体行动

这个系列班会课选题背后的逻辑是这样的：

让学生有体验，认识到同学是友好的，教师是敬业的，我们的学校是美的。班级美好的未来需要大家共同努力——我是班级的主人，做什么、不做什么，我自己可以做主。

系列班会课配合班级管理举措和班主任的教育行动，让学生在新的班级里渐入佳境。

下面是其中两节开学季班会课设计方案。

【班会课课例 2-1】 老师，好

［班会课背景及目的］

新班组建，上课一周，所有科任教师都和学生有了初步接触。利用教师节机会，开展师生互动，让学生和老师相互了解，初步建立良好的师生关系。

［班会课准备］

1. 搜集本班科任教师的资料和照片或小视频，制作成文件，配音乐。

2. 邀请尽可能多的科任教师参与本次活动。

3. 科代表搜集同学最想问老师的问题，做成小纸条，将给不同老师的问题分别放入不同的袋子里（班主任要事先筛选）。

4. 用彩色卡纸给每位老师制作一张大贺卡，写上学生的祝愿、希望，内容要生动活泼，图文并茂。

5. 拍摄小视频：学生的自我介绍和最想对某老师说的一句话，剪辑后配乐，时长约五分钟（各科老师都要覆盖）。

［班会课过程］

1. 歌曲《谁》(电影《老师·好》主题曲）背景音乐声中，嘉宾入座。

2. 主持人配课件逐一介绍科任教师，内容尽量做到有趣（向学生介绍老师）。

3. 播放给老师录制的小视频(向老师介绍学生）。

4. 科任教师发言，对学生说几句鼓励的话。

5. 你问我答：主持人请每位科任教师随机抽取相应袋子中的小纸条，回答问题。(注意控制时间）

6. 再次播放《谁》音乐，向每位参与活动的教师赠送教师节贺卡。结束班会。

（班会课中可以根据时间情况，适当加入师生互动小游戏）

【班会课课例 2-2】 班级未来畅想曲

［班会课准备］

1. 每个学生写一篇短文《我希望我的班级变成这样……》，描绘自己心中的美好班级，要求有具体的描写。选出优秀作品若干，安排作者重点发言。

2. 班主任制作开学以来班级生活的相册或视频。一定要配上音乐和解说词。解说词不必太严肃，不妨轻松幽默一点儿，煽情一点儿也可以（有军训经历更好）。

3. 学生分组围坐，组长准备纸笔。

［班会课过程］

1. 以歌曲《相亲相爱一家人》开场。

2. 请事先安排做重点发言的学生分享自己的班级愿景。其他同学补充。

3. 小组讨论。话题："建设美好班级，我可以做点儿什么？"组员轮流发言，组长做记录。

4. 组长展示本组同学提出的建议或想法。

5. 全班欣赏视频。

6. 班主任也说说自己心中的理想班级，点评开学以来大家的优良表现，鼓励学生为班级的发展而共同努力。

［班会课后续］

整理本节课师生共同畅想的班级愿景，提炼核心词，以海报、展板或板报的形式展示，形成教室第一批文化布置，以此激励学生。

四、班会课的临时选题

班级始终处于变化中，随时会出现问题。俗话说："计划不如变化。"如果确有必要，可以临时增加选题。

做临时选题要求班主任及时抓住教育机会，能体现班主任的教育敏感性和灵活性。

临时选题一般在班会课前一两周至数天内确定，最快的是就当天发生的事开班会课。

临时选题的主题是临时确定的，比较仓促；优点是时效性、针对性强。班会课课时少，为了保证班级教育计划的实施，临时选题的班会课不宜过多。

班主任可以用机动课时完成临时选题的班会课，所以每个月预留一节机动课时很有必要。如果急需开班会课，又没有课时，就可以考虑开“微班会”，不占用正式班会课的课时。实际上，班级里大多数小问题都可以通过微班会或其他方式解决，没有必要也没有可能都开班会课，宝贵的班会课课时应留给重要的课题。微班会相当于正式班会课的一个环节，微班会和正式班会课设计方法是一致的，所以本书不再单独介绍微班会的设计。

临时选题的班会课准备时间较短，宜采用比较简单的设计。

1. 临时选题的来源

出现以下情况时，我们就可以考虑动用机动课时开临时选题的班会课。

①班级突然出现较严重的问题，涉及人数较多，影响较大，有公开教育的必要。

②突然出现了机会或具有较高教育价值的资源。比如，若有名人、杰出校友、优秀学长等造访学校，我们可以争取邀请他与学生交流。

③出现了被学生热议的社会热点事件。这类选题学生往往很感兴趣。不过，我们也不能一味“蹭热点”，热点问题与学生问题相关度高或有教育价值，才能成为班会课的选题。

④班主任接受了上公开课或参加比赛的任务。题材是布置好的，班主任需要用自己的班级试讲演练。

【案例 2-6】 临时决定的班会课

一位在国外留学的毕业生来看望班主任。他之前在学校时成绩很差，是学困生。经过几年留学生活的历练，这个学生发生了很大变化，发展得不错。学生谈到毕业后的生活时感慨良多，与班主任相谈甚欢。过几天假期结束后他就要再次出国，班主任觉得机会难得，当时就提了一个要求：能不能到班上和现在的学生做一次交流？他同意后，班主任当时就草拟了一个提纲。第二天正好有班会课，于是原计划的班会课顺延一周，用机动课时开了一节访谈式班会课，取得了很不错的效果。

2. 确定临时选题的方法

班会课选题的来源很多，但班会课的课时很少，因此能入选每周班会课的问题一定是重要的。建议班主任根据问题的轻重缓急，运用时间“四象限法”在众多题材中做出合理选择。

时间“四象限法”是美国管理学家提出的一个时间管理理论。史蒂芬·柯维（Stephen Covey）按照重要性和紧急程度两个维度，将事务划分为“重要且紧急”“重要但不紧急”“紧急不重要”“不重要也不紧急”四个类别。

根据时间“四象限法”，主题班会课属于“重要但不紧急”的事，班会课的选题也更多地倾向于“重要但不紧急”的问题（紧急的问题需要尽快处理）。这类选题事关学生的成长、班级的长远发展，比较适合用主题班会课讨论。

从操作层面来说，“重要但不紧急”的选题不是火烧眉毛的事，我们可以做充分的准备。有些很紧急的问题，需要马上解决，但其教育价值不大或是个案没有代表性或仅属于事务性工作，不一定需要开班会。这类问题一般可以通过开会、微班会、个别处理或直接安排等方法处置。

【案例 2-7】 用时间“四象限法”解决班会课选题的苦恼

一位新手班主任在开学第二周就遇到了很多问题，具体见图 2-5。其中不少问题他都想开班会课解决，但班会课课时只有一节，他应该用这个课时解决哪个问题开班会课呢？

图 2-5 中的问题，除了第一个之外，其余都可以作为班会课的选题。

不同班主任的选择可能不同。那么，怎样选择相对合理呢？

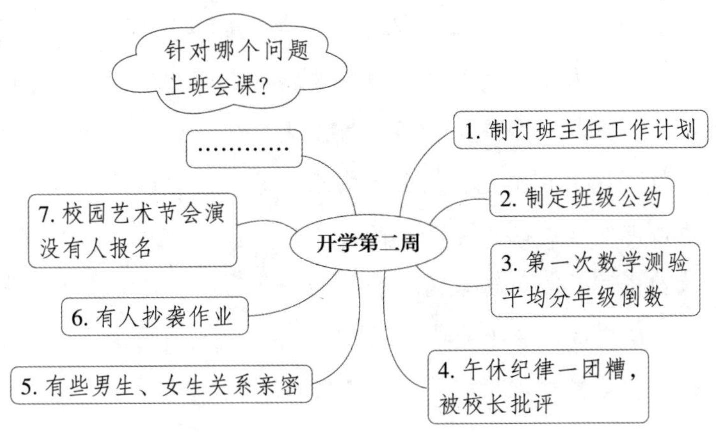

图 2-5　新班主任的困惑：针对哪个问题上班会课？

用时间“四象限法”对这些事件进行分析，结果如下。

①“制订班主任工作计划”是必做的事且有时间限制，属于“重要且紧急”的工作。

②“制定班级公约”对班级的长远发展有重要意义，但是它不需要上交，什么时候制定都可以，所以是“重要但不紧急”的工作。

③问题 3—7，有的属于“重要且紧急”，有的属于“重要但不紧急”，从长远来看，它们都与前两件事有关。

综合以上分析，第二周班会课的选题应该是“制定班级公约”。

首先，班级公约与全班学生有关，制定班级公约需要全班学生共同参与。这类问题最适合开班会课。

其次，制定好班级公约，对解决其余问题很有帮助。

至于其他问题，处置建议如下。

①优先处理班主任工作计划。

②“数学测验平均分年级倒数”的原因可能是多方面的，而且成绩提升是个长期工作，不可能一抓就灵。班主任可将它列为“有计划地做”，本周先做调研。

③“校园艺术节会演没有人报名”这个问题可以安排每个小组出一个节目再筛选，不需要开班会。

④“午休纪律一团糟”与全体学生有关，而且比较重要也比较紧急。抄袭作业的问题涉及班级的学风，很重要。以上问题都可以作为班会课的选题。但一周只能抓一个重点，所以可以先提醒，后两周再重点解决。而这些问题正好可以放在制定班级公约的班会课上作为讨论的案例。有了班级公约，后面再处理这些问题就“有法可依”了。

⑤男女生关系问题比较敏感，需要进一步观察。建议班主任先与学生个别沟通，了解情况，暂不处理。

第二周班级事务处理建议参见图 2-6。

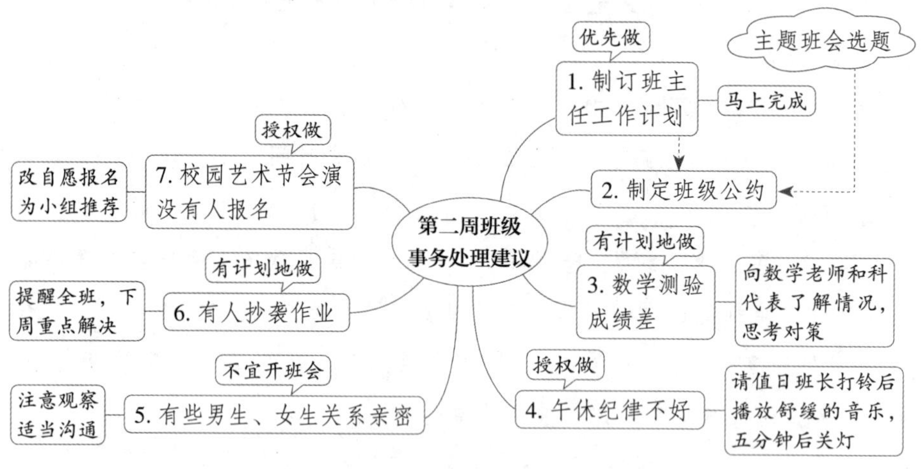

图 2-6　第二周班级事务处理建议

思考与实践

1. 试着用时间“四象限法”将每天或每周的工作进行分类，找出“重要但不紧急”的事项，考虑如何优先处置。

2. 思考一下学校安排的某项工作任务中有哪些对学生有教育意义的内容，看看能否为此设计一节班会课。

本章内容概要

- 班会课的选题
  - 班会课的选题原则
    - 目标驱动
    - 虚实结合
    - 转换立场
    - 小中见大
  - 不适合在班会课上讨论的问题
  - 班会课的选题规划
  - 班会课的临时选题
    - 临时选题的来源
    - 确定临时选题的方法
      - 时间“四象限法”

第三章

班会课的类型

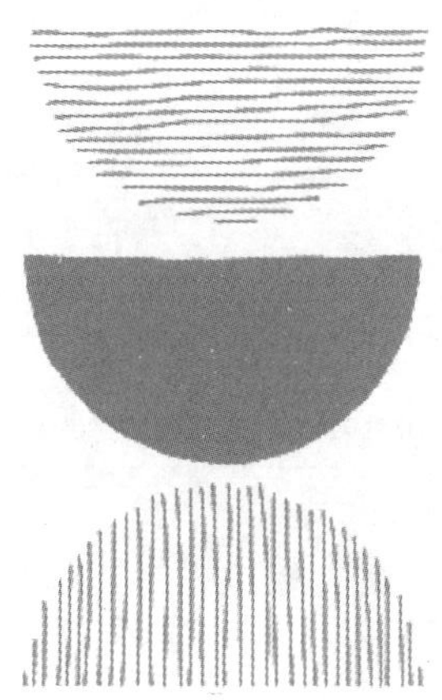

班会课有不同的分类方法。比如，按照时长和容量，班会课可分为正式班会课和微班会课。又比如，按照活动形式，班会课可分为体验型、讨论型、表演型、叙事型、综合型等。

按照主题内容，班会课可分为务实型班会课和务虚型班会课。前者重在解决班级和学生当下的具体问题，后者侧重学生思想品德教育和价值观引导。

按照教育功能，班会课可以分为班级管理类、班级文化类、养成教育类、改善关系类等。

本章将班会课分为班级建设和学生教育两大类，每一大类又分出若干小类。

本章将讨论以下内容：

1. 班级管理类班会课的功能和一般设计思路。
2. 班级文化建设类班会课的重要作用。
3. 什么是“养成教育类班会课”。
4. 学习指导类班会课如何开展。
5. 成长指导类班会课关心什么。
6. 开展心理调适类班会课，有哪些注意事项。

一、班级建设类班会课

班级建设类班会课又分为班级管理和班级文化建设两类。

1. 班级管理类班会课

班级管理类班会课以班级管理中出现的各种现象、事件、问题为主题，研究问题解决方案。班主任可以利用这类班会课商议、制定、解读班级规则，进行规则教育，培养学生的规则意识，促进班级发展。

班级管理类班会课的设计相对简单，准备起来比较容易。这种班会课非常实用，能解决班级管理中的很多实际问题，可称为“解决问题的班会课”。

由于班级管理中的问题很多，所以此类班会课是主题班会课中占比最大的一类，是班主任首先要掌握的一类班会课。

（1）班级管理类班会课的优势

班级管理类班会课常被用于讨论班级当下较为突出的、热点的话题或者突发事件，师生双方在班会课上对班级重大问题达成共识并制定解决问题的方案。

与其他班级教育方式相比，班级管理类班会课具有以下优势。

①针对性强。可以就班级中出现的某一方面的问题做专门的讨论。

②时效性好。可以及时解决班级当下的问题。

③组织方便。无须排练，无须刻意准备素材，可以随时组织。

④应用面广。在班级管理或教育中出现的群体性问题都可以通过这种方式解决，对班级建设有实质性帮助。

⑤发扬民主。把班级重大问题摆在台面上研究。学生成为解决班级问题的主体。这类班会课是班级民主管理的重要方式。

⑥教育效果好。题材都是班级里真实发生的事，贴近学生的生活，学生有话说，重视程度高。

（2）班级管理类班会课能解决的问题

①常规管理中出现的问题。比如，课堂纪律、集会纪律、课间秩序、环境卫生、出勤等。

②制定、执行班级规则。

③讨论班级突发事件以及解决方案。

④收集对班级管理的意见和建议。

⑤征集班级活动方案。

⑥选举、评议、表彰。

（3）班级管理类班会课的教育作用

可利用班级管理类班会课进行以下教育：

①规则意识的教育。

②责任意识的教育。

③公德意识的教育。

④公益意识的教育。

⑤文明素养的教育等。

班级管理类班会课对提升班级管理质量、整肃班风、建立正确的舆论导向有很大作用。

（4）班级管理类班会课的一般设计思路

班级管理类班会课一般以班级议事为主要手段，通常采用问题导向式的设计思路，进行启发式教学，以提问促思考，以班级议事结果作为目标是否达成的主要标志。其主要设计思路可参见图 3-1。

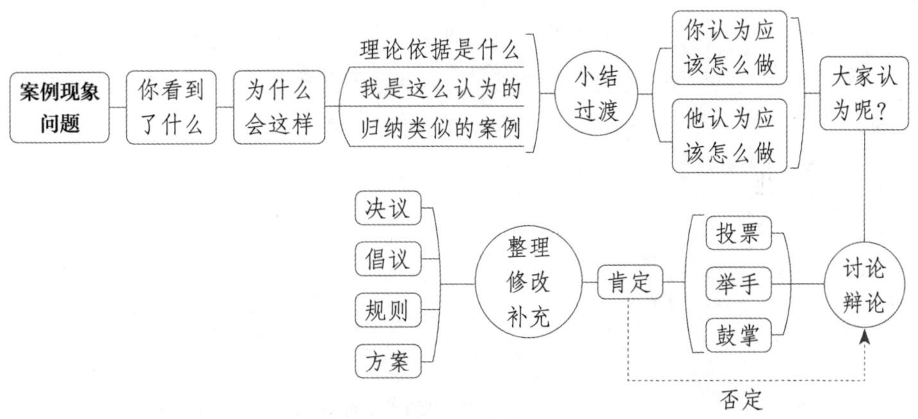

图 3-1　班级管理类班会课的一般设计思路

班级议事的主要流程参见图 3-2。

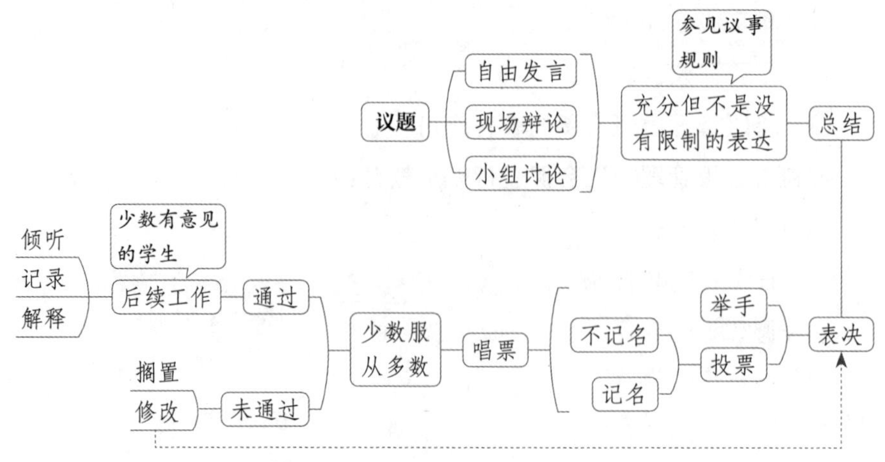

图 3-2　班级议事的主要流程

班级议事的主要规则参见图 3-3。

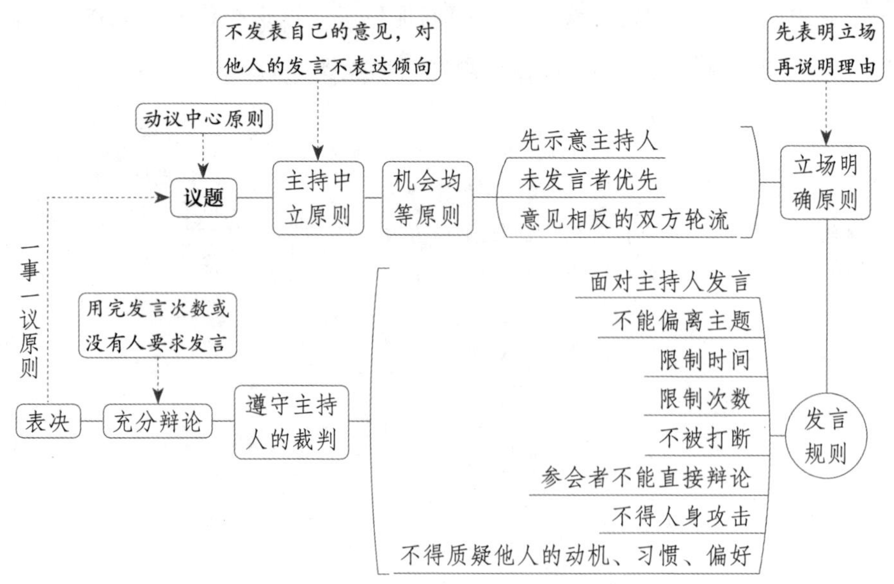

图 3-3　班级议事的主要规则

（5）班级管理类班会课的组织实施

①确定主题。如果班主任认为有必要对教师或学生自己发现的问题进

行集中讨论，就可组织班级管理类班会课。

②确定组织形式。可参考以下形式组织班会课。

圆桌会议式。全班学生、班主任及主持人围坐在一起，大家可以自由地发言、讨论。这种形式的优点是可以营造民主、平等的对话氛围。

分组式。学生分小组围坐，每组有组长和记录员，小组成员均可自由发言。班主任将讨论材料分发到每个小组。这种形式的优点是学生可以充分讨论，更容易实现群策群力。

授课式。主持人在讲台前主持班会课，发言的学生或站在原地或走上讲台。这种形式的优点是便于控制班会课的进展和秩序，便于集中讲解，便于统计投票结果。

对坐式。如果讨论的主题有争议，就可以采用辩论会的方式，持不同观点的学生分两边（或三边）对坐，主持人在前面。每一方确定一名负责人并推举几名骨干同学作为重点发言人。这种形式的优点是不同观点可以自由碰撞，产生火花。

③准备材料。确定主题和组织形式后，开始准备班会课的材料。比如，将事先围绕主题所做的访谈、调查问卷的统计结果用文字、图表、实物、照片、影像、调查报告等方式呈现出来。

④班会课的实施。一节班会课不可能解决所有问题，我们必须采取"集中力量打歼灭战"的做法，力求在有限的时间内完成既定目标。所以，要注意控制班会课的走向，既发扬民主，又要通过讨论明辨是非，对某些问题达成共识。

班会课上，首先要呈现问题，然后大家就此展开讨论。在讨论时，班主任或班干部要注意引导。引导的主要方式是提出问题，启发学生思考。讨论要充分、自由，并安排专人做好记录。（引导技术可参见本书第八章《班会课的引导方法》）

要强调的是，所有结论应该是学生经过思考、讨论后生成的，不是班主任强加的。但是，一旦形成共识，以决议或公约的形式呈现，学生就要认真执行。

在班会课上，班主任的启发、引导和点评非常重要。班会课的大方向掌握在班主任的手中。

投票是这类班会课常见的环节。大家就某些动议进行表决。班主任在投票前要说明规则，是简单的少数服从多数，还是其他比例（如三分之二多数）的赞成票才可通过。

最后是布置作业。布置作业不仅让班会课的流程变得更完整，还可以巩固班会课的教育效果。完成作业是学生进行再思考的过程，同时也能为后续的教育做好准备。

下面是一个具体案例。

【班会课课例 3-1】 如何度过眼保健操的五分钟

某天，我在眼保健操时间去教室巡视，发现班级秩序很混乱。我反思了一下，可能是因为班干部的职责都已明确，这段时间大家表现还不错，所以，管理上有些疏忽大意。当然，我也高估了学生的自觉性。

即便我在巡视，学生也依然我行我素，不少人在写作业、看书、讲话，表现很随意。

眼保健操后是历史课，但是很多人并没有做好课前准备。值日班长和科代表都在岗，却没有提醒和管理。

眼保健操音乐停止后，我对大家说："今天下午放学后留一下，我们临时上一节班会课，说说眼保健操这五分钟我们应该怎么度过。"直到这时，学生才感觉到有些不对劲，但我快速离开了教室。

下课后，值日班长来找我，向我检讨。我没有批评他，只是让他做好在班会课上发言的准备。

以下是班会课实录。

1. 主题引入

我说："我们班是一个优秀班集体，取得了很多好成绩，这是大家共同努力的结果，也是我们要全力爱护的。今天大家在眼保健操时间的表现虽然很糟糕，但我认为这主要是我们不够重视造成的，并不是要刻意破坏课堂规范。我相信，眼保健操的问题一定能解决好。今天大家一起来讨论该怎么办。”

2. 问题呈现（用课件）

①几乎没有人做眼保健操。

②主要行为：喝水，吃东西，讲话，写作业，背书等。

③班主任的主要印象：随意讲话、做事，无所顾忌。

④值日班长：在岗，但在和同学说事情，没有巡视。

⑤科代表：在岗，但是在记录作业，没有巡视。

⑥班主任到班后，秩序略有改观，但不明显。

3. 问题分析

班级出现如此大面积的违纪，而且在班主任来了后都没有改观，说明很多人当时根本没有意识到有什么不妥。没有人把眼保健操当回事，也没有人想过这样做对不对。

4. 问题解决

全班就以下三个问题展开讨论。

第一，在做眼保健操的五分钟时间里，可以做什么，不可以做什么？

第二，如何保证做到？

第三，如果有人做不到怎么办？

我说：“今天发生的事我有很大的责任。以后在关键时间点我要多到班上来看看。但是，班级的常规管理不能全靠班主任，需要全班同学的努力。”

值日班长说：“我没有落实管理措施，感到很抱歉。”

班长和几个科代表都发表了自己的看法。

学生分组讨论的结果如下。

（1）眼保健操时间可以做的事：

①做眼保健操（全班哄堂大笑）。在不强制做操的前提下，还可以：②趴下休息（得票第一，说明学生真的很疲劳）。③闭目养神。

④看书预习（如果不累的话）。⑤写一点儿作业。

我个人不太赞同④⑤两点，但因为这不是本次班会课要解决的主要问题，所以暂时搁置。

眼保健操时间不可以做的事：吃东西，喝水，走动，讲话，收发作业本，发通知等。

我说："总体要求就是一个'静'字。在眼保健操时间要保持安静，不能乱糟糟的。大家都没意见吧？"

学生答："没有。"

（2）如何保证做到？

经整理，要点如下：①全班同学重视起来。②班干部、有心人注意提醒。③值日班长和科代表要把工作做到位，注意提醒、管理、记录。④班主任在现阶段加强巡视。

（3）如果还是有人做不到该怎么办？

班长说："我觉得还是以提醒为主。既然大家都认可在眼保健操时间应该保持安静，说明今天的情况不是因为主观上的故意，只是习惯不好，不够重视。我相信只要做好提醒工作，情况应该就会有改善。"

我说："走进乱哄哄的教室，我的感觉非常不好。我希望这样的情况以后不要在我们班发生。"

团支部书记说："在提醒无效的情况下，可以适当惩罚一下。"

劳动委员说："惩罚虽有必要，但最好不要过重、过滥。"

我说："我同意。措施一定要齐备，但是一定要少用甚至不用。我相信大家只要重视了，就一定能解决好这个问题。"

具体措施：将违纪并且提醒无效的学生暂时请出课堂，时间长短根据情况而定。也可在将学生请出课堂后，先让他反思，再进行谈话。

如果以上措施有效果，就暂时不需要制定其他惩戒措施；如果起不到好的效果，全班就再讨论。

5. 班会课总结

良好的班级秩序离不开班干部的组织管理，更离不开大家的支持与配合。希望大家共同努力，把班集体建设好，创造一个良好的学习、生活环境。

6. 班会课后续

这节临时组织的班会课效果不错。第二天眼保健操时间的纪律情况就有很大改观。我趁热打铁鼓励一番，并对在岗班干部、科代表进行了培训，要求他们将工作做到位。

2. 班级文化建设类班会课

这类班会课也可以叫“班风建设类班会课”。

班会课是面向集体的教育，而班级文化是群体文化，需要全体师生共同建设。所以，班会课是建设班级文化的重要手段。

班级文化的核心是精神文化，精神文化的核心是群体价值观。所以，班级文化建设类班会课重在引导群体价值观的形成。这是它有别于“解决问题的班会课”的地方。

班级文化建设是有目标的，将班级文化建设目标分解，就可以得到每节班会课的目标。有什么样的文化建设目标（想打造什么样的班风），就应该有相应的班会课教育。

如何将班级文化建设类班会课上得既有意义又能吸引学生？如何改变说教、灌输的做法，又不流于表面上的热闹？突破难题的基本策略依然是将教师立场与学生立场结合起来，并采用学生易于接受的方式。

【案例 3-1】 主题班会课在班级文化建设中的作用——以“清华班”班会课选题思路为例

一所升学率一般的普通高中，某班主任将其班级命名为“清华班”引发了热议。因为以这所学校的生源质量，不太可能有人考取清华大学。有人认为这位班主任想出名，居然不顾现实，把自己的班级命名为“清华班”。我则认为如果仅有一个“清华班”的名字，的确意义不大。但如果这个班围绕“清华精神”做好班级文化建设，就会非常有意义。所以，如果想让班级成为真正的“清华班”，班主任就要将班名作为班级精神文化的核心，设计一套班级文化建设方案。

这个方案将“清华班”的班级文化建设分为若干阶段，每个阶段都有物质文化、制度文化、行为文化建设的内容，各阶段的目标相互衔接，构成一个班级文化建设体系。

班会课在班级文化建设中发挥着重要作用。班级文化建设目标是班会课选题的重要依据。

以下方案以清华精神“自强不息，厚德载物”为班级文化建设的关键词，包含一系列班级文化建设活动。本章只选取与班会课相关的内容予以介绍，略去其他活动。

第一阶段：“清华班”班级精神的认同。

时间：高一第一学期。

目标：理解、认同“自强不息，厚德载物”的班级精神。

主要工作：设计班级标志，布置教室，制定班级公约，开展系列主题班会和班级文化活动。

1. 班名释义

学生一开始可能不太会认同“清华班”这个名字——既然不太可能考上清华大学，那起这个班名就是好高骛远。不认同就不会有行动，班级文化建设便会失去基础。

班主任需要解释，取这个班名不是让学生将考上清华大学作为奋斗目标，而是想以清华精神激励大家努力上进。

清华精神是清华大学宝贵的财富，也应该是“清华班”班级文化的核心。“自强不息”就是努力向上，不松懈；“厚德载物”是指道德高尚的人才能担当大任。这八个字，对帮助学生形成积极向上的生活态度，建立“要做一个高尚的人，才能对社会有所贡献”等正确价值观有很好的促进作用。

学生刚进入高中，需要有一个心理适应和角色转化的过程。所以，班级文化建设应与其他教育、管理、培训工作并行，循序渐进。开学初，班主任可不急于提出班级文化建设口号，先将初高中衔接工作做好。待学生基本适应高中生活后，再向学生介绍“清华班”的班级文化建设意向。这个过程大约需要一个月。班主任要利用好新建班的“蜜月期”，熟悉学生，建立信任，将各项管理措施落实到位，同时帮助学生树立信心——过去的已经过去，现在，全班同学站在一个新的起点上，开启新的征程。

作为闻名世界的高等学府，清华大学在学生心中有着无可替代的崇高地位。班主任要利用学生的膜拜心理和好奇心，带着他们共同研读清华精神并专门用一节班会课分享心得，主题可以是“我理解的清华精神”。

2. 班徽设计，参考清华大学校徽

3. 教室文化布置以“清华元素”为主体

4. 制定班级公约

班级公约是班级精神内核的具体表达，是制定其他班级规章制度的指南。在解读班级精神后，班主任布置学生以“自强不息，厚德载物”为主题，融入自己的理解，为班级草拟一份班级公约。将学生各自拟定的公约整合后形成初稿，全班公示，征集意见。然后，利用班会课时间组织全班讨论并通过班级公约。

5. 以“自强不息”为主题的学习要求

（略）

6. 以“自强不息”为主题的班级管理机制和生活态度的建立

（略）

7. 以“厚德载物”为主题的品行教育

本学期应该有两个系列的主题班会课——自强不息和厚德载物。

“清华班”班级文化的另一个关键词“厚德载物”是开展学生品行教育的重要抓手。其中包含两方面的教育内容：立德与立志。“道德高尚”是一个框架，可以装下很多的内容。班主任可以结合高中各个学段的特点，选择合适的题材。高一第一学期可以以“诚信”“担当”教育为主。

“诚信”教育首先从学习上的诚信开始：独立完成作业，考试不作弊。高中学习压力大，家长、学校对学生的考试分数要求高，评价标准比较单一。在如此功利的环境中，坚持诚信考试十分难得。这种价值观一旦形成，对学生今后做学问保持学术诚信意义重大。所以班主任不能一味强调分数，要把诚信教育放在首位。

另外，我们需要通过担当意识或者说责任感的教育让学生明白，在班级里，不仅要“自己的事自己做，不给他人添麻烦”，还要有奉献精神，热情帮助他人，不逃避责任，主动为集体做贡献。

以上两点，既是平时教育的重点，也是主题班会课的选题依据。

8. 其他班级文化活动建议

本学期是高中第一个学期，也是班级文化建设的黄金时间。建议挖掘、调动优质教育资源，创造条件开展活动，不断强化文化建设主题，以提高学生的认识，帮助他们充分理解“清华班”的班级精神，为班级文化建设打下良好基础。

①请清华大学的在校生或毕业生来班级做访谈，现身说法。

②请熟悉清华大学或与清华大学有关的人（包括家长）来班级做访谈，讲述与清华精神有关的故事、典故。

③搜集与清华大学有关的励志故事或文章，在班级里交流分享。

④把学生进入高中后参加的第一个学校运动会打造成班级文化建设活动。

清华大学以重视体育和学生身体素质而闻名。从建校之初的体育成绩不合格不得毕业的规定，到新中国成立后提出“为祖国健康工作五十年”的口号，再到今天依然对体育课保持高度重视，“无体育，不清华”，成为清华大学重要的文化现象。不了解这个特色，很多学生就会误以为清华大学只重视分数，是培养书呆子的地方。利用体育运动做“清华班”的班级文化建设，有利于学生更好地了解、理解“清华精神”。

9. 将“自强不息，厚德载物”的精神作为班级主要的评价依据

（略）

附：第一个阶段主题班会课参考选题

①我们为什么叫“清华班”。

②我理解的清华精神。

③制定“清华班”班级公约。

④何谓“厚德载物”。

⑤少年当自强。

⑥评选班级“自强之星”和“担当人物”。

⑦清华人与清华故事。

⑧清华学子访谈。

二、学生教育类班会课

侧重学生个体教育的班会课都属于学生教育类班会课。此类班会课可大致分为以下几类。

1. 养成教育类班会课

养成教育就是培养学生良好行为习惯和思维习惯的教育。养成教育类班会课采用多种教育手段对学生进行行为指导，培养学生积极乐观的处世方式，帮助学生提高修养。

行为问题是学生问题中占比最大的，造成行为问题的原因可能只是习惯不好，也可能是道德品行有问题。

美德教育、立德树人是养成教育类班会课的主要内容，也是所有班会课的重点。

【班会课课例 3-2】 诚信考试主题班会课

班会课题目：人生的试卷

班会课背景：

期末考试临近，学校要求开展关于诚信考试的教育。防止考试作弊是学校工作的难点之一。高中生不是不明白考试作弊是严重的违纪行为，但依然会有少数人因为种种原因铤而走险。由考试作弊现象我们可以延伸到学习、工作、生活等各方面的诚信问题。如何在高中生中开展有效的诚信考试教育，让学生做到知行合一，自觉远离作弊行为？本节班会课将做一些探索。

课前思考：

根据调查问卷的情况，思考、确定本节课的重点和难点。

调查问卷的情况如下：

①你在考试中作弊过吗？

A. 有过（68.6%）　　　　B. 没有（31.4%）

②曾经有人在考试时要求你帮他作弊吗？

A. 有过（68.6%）　　　　B. 没有（31.4%）

③发现有同学在考场作弊，你会去举报吗？

A. 会（9.8%）　　　　B. 不会（90.2%）

④你可以做到考试不作弊吗？

A. 可以（100%）　　　　B. 很难（0%）

⑤你的朋友通过作弊取得了高分并获得了表彰，你会________

A. 愤怒，远离他，但不会向老师反映（9.8%）

B. 私下提醒他，希望他下次不要作弊了（54.9%）

C. 悄悄向老师反映情况（2%）

D. 和其他同学议论这件事（13.7%）

E. 其他做法（19.6%）

⑥你认为考试作弊是________

A. 恶劣的不诚信行为（54.9%）

B. 不算很严重的违纪行为（25.5%）

C. 可以理解的无奈之举（19.6%）

⑦你认为造成考试作弊的原因有哪些？

调查问卷显示，只有不到20%的学生认为作弊是可以理解的无奈之举，但有近70%的学生承认自己曾经考试作弊，有同样比例的学生曾经被同学要求协助作弊，这说明学生出现了较严重的知行分裂。在学生列举的作弊理由中，来自家长和老师的压力排在前两位。很少有人会举报作弊的同学，但是全班所有同学都表示自己可以做到考试不作弊。这让班主任看到了希望——只要加强教育，采用得当的方法，杜绝考试作弊是有可能的。因此，探讨学生认可的、可操作的方法是本节课的重点。

根据以上分析，确定本节课教育目标。

班会课目标：

1. 通过故事分享和思想剖析，明确关于考试的是非观，建立较强的诚信考试意识。

2. 在分析考试作弊原因的基础上，探讨相应的教育管理对策。

3. 设计若干条防止作弊的措施。

班会课准备：

1. 下发并回收调查问卷，分析问卷结果。

2. 设计班会课活动方案，制作课件。

3. 请学生搜集近几年来比较严重的作弊事件（不限于考试）或与不诚信相关的故事。

4. 布置教室，学生分组围坐。给每组分发卡纸和马克笔。

班会过程如下。

一、引入

1. 说说你最得意的一次考试。

2. 说说你最糟糕的一场考试。

3. 想一想：在某次考试中，甲同学得了 90 分，乙同学得了 65 分。请问哪一位同学考出了好成绩？

二、考试作弊，怎么看

1. 思考并讨论：调查问卷显示，本班 54.9% 的人认为作弊是恶劣的不诚信行为，但却有 68.6% 的人承认自己曾经在考试中作弊，同时有 68.6% 的人有过被同学要求协助作弊的经历。如何解释这个问题？

（学生发言）

2. 调查显示，有 25.5% 的人认为考试作弊不算很严重的违纪行为，19.6% 的人认为考试作弊是可以理解的无奈之举。（展示学生列举的考试作弊理由）

追问：因为这些就可以在考试中作弊吗？

3. 试着还原一下作弊者在考试前、考试过程中以及考试过后的心理状态。（学生发言）

4. 小组讨论：考试作弊的“得”与失。

分两列在卡纸上写出考试作弊可能得到的“好处”和因为作弊失去的东西，向全班展示本小组的结果。

思考：考试作弊，值不值？

5. 思考：如果你诚信考试，但成绩不理想，而你的朋友通过作弊得了高分并获得表彰，你觉得自己吃亏了吗？你会怎么做？

三、拒绝考试作弊，我可以

主持人：“我班 100% 的同学表示可以做到考试不作弊。那我们怎么才能做到呢？请大家思考对策，提出建议。”

1. 自己可以怎么做？

2. 老师、家长、同学可以提供什么帮助？

各组展示讨论的结果。

四、拓展

1. 请学生分享搜集的几起因不诚信造成严重后果的事件，谈谈感想。

案例包括个人的、企业的、国家的。

2. 故事分享：“老师，这是我自己考的！”

讲述一个学生虽然考试成绩不理想，但却因诚信考试为自己赢得尊严的故事。

五、班会小结

班主任在分享一则关于诚信的哲理故事后，告诉学生以下道理。

人生如长考，生活即试卷。诚信不仅限于考试，它涉及生活的方方面面，伴随着人的一生。同学们在中学阶段要培养的最关键的美德就是诚信！

从我做起，从现在做起，“勿以恶小而为之”。

我们要把每一次考试都当成捍卫自己尊严的机会！让每一分都来得干干净净！向考试作弊说“不”，我们一定可以的！

2. 学习指导类班会课

学习是学生的主要任务。在学习中遇到麻烦和困惑是学生最常见的问题之一。学习指导类班会课主要以学习理论、心理学理论为依据，以激发学习热情、进行学习方法指导、交流学习经验和解决学习中的情绪问题为主。这类班会课，若上得浅一点儿就是学习经验的分享交流，学习成绩优秀者提供学习方法上的建议；若上得深入一些，就要剖析造成学习成绩优劣的原因，班主任要运用相关理论指导这类班会课的设计。

学习指导类班会课的作用包括：

①营造班级学习氛围。

②改善学生的学习状态。

③帮助学生寻找适合的学习方法。

④提升学生的学习动力。

⑤帮助学生克服学习上的困难。

⑥解决学生因学习造成的情绪问题等。

由学习或学习成绩带来的问题十分常见，所以与学习有关的主题班会课应当占有相当大的比例。

【班会课课例 3-3】 合理归因，迈向成功

班会课背景：

分析、总结考试成绩是教学的常规工作之一。但如果仅仅是算算分数、排排名次，对今后提升成绩的帮助并不大。我们只有掌握科学的分析方法，找出成绩进退背后的原因，对学生才有较大的指导意义。考试成绩是多方面因素综合作用的结果。很多学生考完试只急着看成绩。知道成绩后，或洋洋得意，或垂头丧气，但过后该怎么做还是怎么做。很多学生并不会认真分析，考好了不知道怎么考的，考得不好也不知道为什么会不好。本班学生成绩比较差，在学习上缺少自信，动力不足。期中考试后，班主任上了一节分析成绩的班会课，以归因和自我效能感理论为指导，帮助学生学会合理归因，总结经验教训，树立自信心，进行自我激励。

班会课目标：

1. 了解归因理论，掌握理性分析考试成绩的方法，找到成绩进步或后退的真实原因。

2. 通过小组交流，分享考试心得体会，提升自我效能感，树立自信心，改进学习方法。

班会课准备：

1. 发给学生“一般自我效能感量表”[①]（参见“附一”），统计结果。

2. 请学生完成“考试满意度归因分析表”（见表 3-1），分析后发还给学生。

3. 请学生总结这次考试的经验教训，做好发言交流的准备。

4. 按六人小组围坐的方式布置教室。

附一：一般自我效能感量表

说明：以下问题，每题有四个选项，分别是________

A. 完全符合　　　　B. 基本符合

C. 有点符合　　　　D. 完全不符合

① 郑雪. 积极心理学 [M]. 北京：北京师范大学出版社，2014: 128.

问题没有对错，无须多考虑，请凭感觉快速选择。

（1）如果我尽力去做的话，我总是能够解决问题的 （　　）

（2）即使别人反对我，我仍有办法取得我所要的 （　　）

（3）对我来说，坚持理想和达成目标是轻而易举的 （　　）

（4）我自信能有效地应付任何突如其来的事情 （　　）

（5）以我的才智，我定能应付意料之外的情况 （　　）

（6）如果我付出必要的努力，我一定能解决大多数的难题（　　）

（7）我能冷静地面对困难，因为我信赖自己处理问题的能力 （　　）

（8）面对一个难题时，我通常能找到几个解决方法 （　　）

（9）有麻烦的时候，我通常能想到一些应付的方法 （　　）

（10）无论什么事在我身上发生，我都能应付自如 （　　）

统计方法：A. 4 分；B. 3 分；C. 2 分；D. 1 分。

表 3-1　考试满意度归因分析表

学科 / 满意度	语文	数学	英语	物理	化学	生物	……
满意							
比较满意							
不满意							
考得好的原因				考得不好的原因			
1.				1.			
2.				2.			
3.				3.			

设计思考：

自我效能感是社会认知理论的创始人、心理学家阿尔伯特·班杜拉（Albert Bandura）提出的，是指人们对自身能否利用所拥有的技能去完成某项工作的自信程度，简单地说就是自信心。“一般自我效能感量表”得分高的人，自我效能感就高，对完成任务信心满满；反之，自我效能感低，就不够自信，认为自己这也不行那也不行。

将量表统计结果折算成百分制，本班学生的平均得分是54分，说明学生的确普遍缺少自信。

由此，班主任决定让学生通过归因分析、小组交流分享等方式提升自我效能感。

通过研究学生的“考试满意度归因分析表”，班主任发现大多数学生不会合理归因，因此每次考试后的总结浮于浅表的分析无法为今后的学习总结出好建议。所以，教会学生合理归因，是这节课的重点。

班会课过程：

1. 主题导入

请说说自己对这次考试的感觉和印象深刻的事。

2. 问题呈现

打出空白的“考试满意度归因分析表”，请学生说一说对这次考试成绩满意或不满意的原因。

以下是学生的一些归因：

（1）考得好的原因。

①天生就好。

②上课认真听讲，课外做了很多练习。

③有语感，熟悉答题模式。

④考试前押中题目了。

⑤临场发挥比较好。

⑥有老师、家长的关心支持，有外部因素。

（2）考得不好的原因。

①试卷太难了。

②考试期间身体不舒服，状态不好。

③很多知识点没搞懂。

④学习不够主动，缺少动力。

⑤平时没努力。

3. 问题分析

班主任："一般来说，人们会把一件事做得好或不好的原因归纳为六个要素：能力、努力、运气、任务难度、身心状况、外界环境。请大家看看以上归因各自属于哪些要素。"

学生很快给出了答案。比如，押中题目是运气，发挥得好不好是身心状况，试卷难不难是任务难度，等等。

班主任要求学生在自己的"考试满意度归因分析表"的空格里写上每一条归因属于哪个要素（能力、努力、运气、任务难度、身心状况、外界环境）。

班主任："在以上六个要素中，哪些是内因，哪些是外因？"

学生："能力、努力、身心状况是内因，运气、任务难度、外界环境是外因。"

班主任："在这些要素中，哪些是稳定的，哪些是不稳定的？"

学生在班主任的启发下，经过思考和小组讨论，回答："只有能力是稳定的，其余因素都不稳定。"

班主任："请大家再将这些要素按照'可控'与'不可控'进行归类。"

经过思考，学生答："能力、身心状况、运气、任务难度、外界环境都是'不可控'的，只有'努力'是可控的。"

（一开始有些学生对"能力"是否稳定、可控不太理解，班主任启发："你可以想象有一支水平很差的足球队，它的水平很稳定，一直很差。他们想不想踢好呢？当然想。但是，是他们想踢好就能踢好的吗？这以他们的意志为转移吗？"学生听完就理解了，原来，能力是稳定且不可控的因素。）

小结以上讨论，出示"归因三维度六要素组合表"（见表 3-2），请学生填写。

表 3-2　归因三维度六要素组合表

要素＼维度	稳定性		内在 / 外在		可控性	
	稳定	不稳定	内因	外因	可控	不可控
能力高低	√		√			√
努力程度		√	√		√	
任务难度		√		√		√
运气好坏		√		√		√
身心状况		√	√			√
外界环境		√		√		√

班主任："请大家从内因与外因、可控与不可控的角度思考，怎样归因有利于自我提升？"

学生："要更多地从内在的、可控的角度思考。"

班主任："是的，很多因素是不可控的。如果我们总是把考试成败归因于那些不可控的因素，我们就无法把命运掌握在自己手中；如果我们总是把成败归因于外在的因素，不从自身找原因，那我们便很难进步。所以，正如大家刚才分析的那样，唯一能把握在自己手里（可控）的内因只有一个，是什么？"

学生答："努力。"

班主任："对。努力是内因，也是唯一可控的因素。但是，对很多人来说努力程度恰恰又是不稳定的因素，比如我们常说'三天打鱼，两天晒网'，不能持久。所以，努力的程度时好时坏，这样就很难保持进步。"

4. 问题解决

小组交流与分享。

①选择一门学科，谈谈考得比较好的经验或考得比较差的教训。

②谈完之后可以提出问题。

③对别人的问题提出建议。

小组交流要求每个人都发言，有问有答，组长做好记录。交流结束后组长在全班分享本组的交流情况。

设计意图：

这个环节是根据自我效能感理论设计的。有关研究指出，人的自我效能感与以下几个方面有关系。

①自己的成就。过去的成就可以提升自我效能感。

②和你相似的人的成就。也就是说，人可以从别人身上找到自信——他能取得好成绩，我和他差不多，为什么我不能？

③他人的劝说和鼓励也可以增加自我效能感。

④情绪是积极的还是消极的，以及焦虑、害怕、紧张的程度。情绪越积极，自我效能感越好。

⑤生理状态。精神饱满时人的自我效能感好。

其中，①②③可以通过小组交流分享实现。

5. 班会课总结

本节课学习了：

①怎样归因有利于自我提升。

②提升自我效能感的方法包括回味成功，寻找榜样，积极面对，合理归因。

6. 班会课作业

把与同学交流时的感受记录下来，以“合理归因，助我进步”为主题写一篇心得。

3. 成长指导类班会课

学生在校学习的各个阶段都面临不同的成长问题。成长指导类班会课的目的就是给学生解惑、指点迷津，帮助学生解决在儿童期、青少年期等阶段遇到的各种问题、困惑和麻烦。这类班会课主要关心学生的人际关系、人生观、职业价值观、社会适应性等方面。励志类的班会课也属于此类。

【班会课课例 3-4】 天生我材必有用

班会课背景：

这是生涯规划系列主题班会课中的一节。这节班会课的主要目的是帮助学生了解多元智能理论，通过简单的测试知道自己的智能倾向，正确评价自己，改变对他人狭隘的评价方式；帮助学生了解适合自己智能结构的职业，指导自己选科；帮助学生了解自己在学习上的优势和劣势，找到适合自己的学习方法，树立学习信心。

班会课过程：

1. 说一说：我有哪些过人之处（强项）？我有哪些弱点或不足之处？

2. 了解多元智能理论。

设计意图：智能是解决问题或创造产品的能力。心理学家霍华德·加德纳（Howard Gardner）认为，人的智能是多元的。加德纳的多元智能理论一经提出，就在教育界引起极大反响。我们现在知道，每个学生都有一种或几种优势智能，只要教育得法，每个学生都能成为某方面的人才，都有可能获得某方面的专长。了解多元智能理论，会对学生产生很好的鼓励作用，让他们真正意识到什么叫“天生我材必有用”。

3. 测一测。

下发简易多元智能测评题及计分方法（见表 3-3、3-4、3-5）。学生对照评分标准计算自己的各项智能得分，了解自己的智能优势倾向。请学生检验一下思考测试结果是否符合自己的情况。

表 3-3　多元智能测评题

题号	题目	得分
1	我喜欢听别人说故事或讲笑话。	
2	我喜欢玩数字游戏。	
3	我喜欢到户外玩。	
4	我喜欢听各种不同的音乐。	
5	我能够设计出漂亮的东西。	
6	我在参加运动类的比赛活动时很兴奋。	
7	我喜欢带着大家一起完成工作。	
8	我喜欢花时间想自己的事。	
9	我会经常写文章或记日记。	
10	我觉得玩益智游戏是一件很有趣的事情。	
11	我喜欢养动物或植物。	
12	我在唱歌或者演奏乐器时很快乐。	
13	我喜欢玩积木或者迷宫游戏。	
14	我在运动的时候身心愉悦。	
15	我喜欢和一群人出去玩。	
16	我喜欢跟好朋友说心里话。	
17	我喜欢和别人聊天。	
18	我会从一件事联想到很多事。	
19	我喜欢观察动物和植物。	
20	我会随着音乐高兴或难过。	
21	我喜欢自己动手制作物品。	
22	我站直弯腰的时候，能用手摸到自己的脚趾。	
23	我能和朋友、同事和睦相处。	
24	我知道什么是重要的、什么是不重要的。	
25	我喜欢阅读书籍或报刊。	
26	我可以正确地算出数学题的答案。	

（续表）

题号	题目	得分
27	我对很多事情都感到好奇。	
28	我能够上台唱歌或者演奏乐器。	
29	我能够把房间布置得很有美感。	
30	我能模仿别人的肢体动作。	
31	大家都喜欢和我相处。	
32	我会想办法让自己变得更好。	
33	我可以清楚地说明自己的想法。	
34	我能够清楚地思考一件事情的来龙去脉。	
35	我能很仔细地观察我感兴趣的事物。	
36	我能发现音乐表演时有人打错拍子。	
37	我能够根据地图找到我想去的地方。	
38	我的动作反应很敏捷。	
39	我能够和大家合作完成任务。	
40	我了解自己的心情是快乐还是愤怒。	

（打分指南：完全不一样得1分，大部分不一样得2分，基本一样得3分，大部分一样得4分，完全一样得5分。）

表3-4　多元智能测评题评分表

智能项目	题号	得分	总分	排序	智能项目	题号	得分	总分	排序
言语语言智能	1				自然观察智能	3			
	9					11			
	17					19			
	25					27			
	33					35			

（续表）

智能项目	题号	得分	总分	排序	智能项目	题号	得分	总分	排序
数理逻辑智能	2				视觉空间智能	5			
	10					13			
	18					21			
	26					29			
	34					37			
音乐韵律智能	4				人际沟通智能	7			
	12					15			
	20					23			
	28					31			
	36					39			
身体运动智能	6				自我认知智能	8			
	14					16			
	22					24			
	30					32			
	38					40			

表 3-5　多元智能测试得分表

	A	B	C	D	E	F	G	H
得分								
智能类别	音乐韵律智能	身体运动智能	数理逻辑智能	视觉空间智能	言语语言智能	人际沟通智能	自我认知智能	自然观察智能

4. 请学生谈一谈做完测试后的感想。

5. 展示具备各种智能的人适合的职业（见表 3-6），让学生知道自己将来适合从事什么工作。请学生在小组内和同学交流一下。

表 3-6　具备不同智能的人适合的职业举例 ①

智能名称	适合的职业
言语语言	作家、律师、记者、演说家、主持人、编辑、播音员、语言学家
数理逻辑	科学家、数学家、会计师、程序设计师、法官、保险从业人员
视觉空间	建筑师、工程师、医师、航海家、飞行员、雕塑家
身体运动	运动员、舞者、外科医生、身体治疗师、手工艺创作者
音乐韵律	作曲家、指挥、歌唱家、乐师、乐评人、乐器制作者、音乐工程师
人际沟通	社会工作者、政治家、外交官、心理辅导员、公关人员
自我认知	牧师、政治家、神学家、心理学家、哲学家、教师、治疗辅导员
自然观察	生态保育者、农夫、植物学家、猎人、设计师

6. 你的学习方式正确吗？

介绍适合某种优势智能的学习方法（见表 3-7），请学生思考如何根据自己的优势智能改进学习方法，并在小组里和同学讨论。

表 3-7　适合不同优势智能的思考方式及相应的学习优势和学习风格

智力类型	思考方式	学习优势	学习风格
言语语言智能	通过语言	阅读、写作、讲故事	通过听、说、读、写的方式学习
数理逻辑智能	通过推理	做实验、提问题、逻辑推理、复杂计算	通过概念形成和模式识别学习；长于计算，善于收集资料
视觉空间智能	通过想象和画面	设计、绘画、想象	通过画面、图片和丰富的色彩进行学习
身体运动智能	通过身体的感受	跳舞、跳跃、触摸、做手势	通过触觉、身体运动等方式学习
音乐韵律智能	通过节奏和旋律	唱歌、哼唱、倾听	喜欢把所学的内容唱出来，喜欢在做事时拍打节奏

① 李明一. 学生生涯发展手册：学生版 [M]. 北京：北京师范大学出版社，2017: 53.

（续表）

智力类型	思考方式	学习优势	学习风格
人际沟通智能	通过与他人交换看法	带头、组织、交往、管理、协调	小组合作、同伴交往
自我认知智能	通过自身的需要、情感和个人目标	自定目标、有条不紊	自我激发式学习，自订计划
自然观察智能	通过自然和自然形态	探究自然的奥秘	观察

7. 分享与交流：适合我的学习方式是什么？

8. 班会小结。

4. 心理调适类班会课

这类班会课是关注学生心理健康、调适学生情绪、对学生提供心理帮助的主题活动。当下，学生的心理问题越来越普遍，已引起社会的高度关注。班级很有必要组织此类班会课。但心理问题比较敏感，上这类班会课必须特别慎重。首先，班主任需要有一定的心理学理论知识和实际指导学生的经验。如果班主任不具备这方面的专业知识，就不能随意开，最好是经过系统学习后或者在心理专业教师指导下开设。其次，这类班会课的选题以学生普遍存在的情绪（如焦虑、烦躁）问题为主，若个别学生存在心理问题，则不宜用班会课的形式进行帮助。

【班会课课例 3-5】 心理调适类班会课课例

班会课题目：面对心中的暴风雨

班会课背景：

这是一节有关情绪管理的主题班会课。学生普遍存在的心理失衡问题是生气、发怒、情绪失控。本节班会课以游戏的方式激发学生的兴趣，巧妙地将情绪比拟成天气，教给学生正确表达情绪的方法。

班会课过程如下。

1. 热身活动——小游戏“天气预报”

主持人：“请同学们利用身体和身边的东西，碰撞发出两种以上的声音。”

主持人：“接下来，我们将这些声音和天气对应起来。大家说分别用什么声音代表‘雷声’‘小雨’‘大雨’和‘暴雨’呢？”（征求同学们的意见，适当统一，板书）

①雷声——比如，用拳头敲桌子。

②小雨——比如，轻轻鼓掌。

③大雨——比如，热烈鼓掌。

④暴雨——比如，热烈鼓掌＋跺脚。

主持人带领大家做几次练习，记住这些动作。

主持人：“下面我念一段话，只要我念到有关天气的词，就请同学们发出对应的声音。”（主持人开始绘声绘色地朗读，学生开始跟着发出声音）

主持人：“乌云密布，一道闪电划过，雷声轰隆隆。又一道闪电，又是一阵雷声。小雨淅淅沥沥地下起来，行人慌忙躲避。很快，小雨变成了中雨，中雨又变成了大雨。又是一阵雷声，暴雨来啦！再一阵雷声，大雨倾盆。雨势渐渐变小，转成小雨……一阵又一阵雷声，大雨又来了！但是仅仅过了一会儿，雨过天晴啦！”

2. 过渡与导入

主持人：“我们的心情就像天气，时晴时阴。高兴的时候，感觉世界是如此美好，天也晴了；伤心的时候，黯然伤神，甚至泪如雨下，世界好像在下雨；生气甚至愤怒的时候，感觉暴风雨即将来临。

“今天这节课，我们就来聊聊如何面对心中的暴风雨。”（课件打出班会课的题目“面对心中的暴风雨”）

3. 问题呈现

①播放视频《生气的亚瑟》（网络上可以搜索到）。

②这个故事让你想到了什么？请说说你的经历。

自由发言，说说生活中让自己不满的事情。（师板书，记录关键词）

4. 问题分析

主持人："这些事情让我们生气的原因是什么呢？"（学生答，师板书，记录关键词）

①我的生气表达式。

主持人："生气的时候，每个同学的行为表现是不一样的。请同学们画出自己生气时的样子并解释。

"写下你在生气的时候，最可能有的一种行为反应。

"说说你生气时有哪些表现。"（分别从面部表情、身体动作、语音语调、言语表达四个方面讨论）

②小组讨论。

这些行为反应分别像哪一种天气？它们可能会带来怎样的影响？

③分享。

各组推选一名代表向全班分享讨论结果。

5. 问题解决

主持人："当我们生气的时候，我们可以适时地进行表达，让自己的心情平静下来。"

分享神奇的四句话（生气的积极表达式）。

我想对某某说：

①当……时

②我真的（有点/很/非常）生气

③因为……

④我希望……

主持人："如果亚瑟以这样的方式表达自己很生气，请想一想他该怎么说。请同学们互相练习一下。除了以上表达方式，同学们还有什么好的表达方法吗？"

学生讨论并发言，主持人板书。

（预设：学生可能会提到“大声说出来”“写个纸条告诉他”等）

6. 班会小结

主持人：“生活中，当情绪的暴风雨来临时，我们要合理调控，积极表达。”

播放四分钟冥想音乐，引导学生做一次冥想练习，让他们说说自己的感受。

（本课例由江苏省无锡市蠡园中学陶春芳老师提供，收入时有改编）

思考与实践

1. 试着用班级议事的方法设计一节解决班级当下热点问题的班会课，上完后总结、反思。

2. 查阅“职业兴趣岛”相关资料，设计一节以“兴趣”为主题的班会课并实施。

本章内容概要

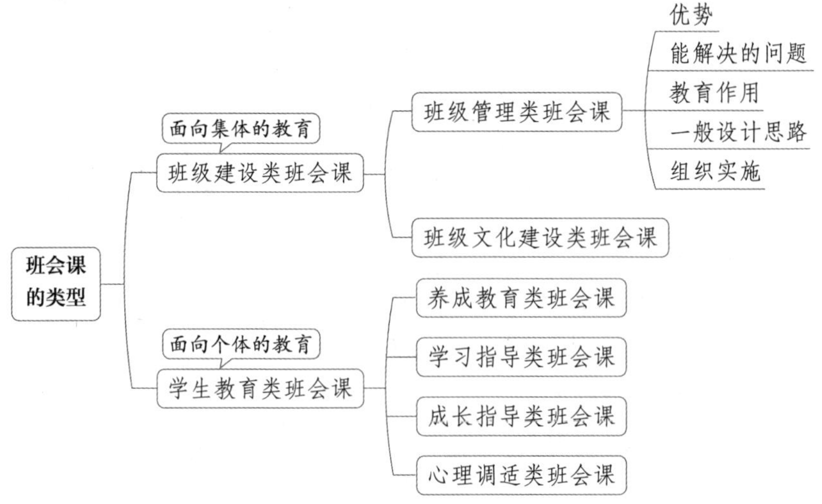

第四章

班会课设计概述

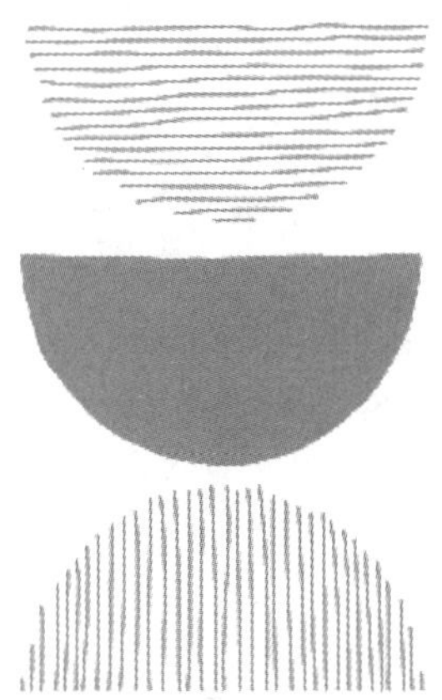

本书虽然提供了很多班会课的例，但每个班级的情况都是不同的，所以教师几乎不可能拿着现成的课例直接上课，而且班会课题材众多，热点经常转换，再多的课例都无法穷尽。所以，我们更关心班会课的设计原理和思路。掌握了设计班会课的一般方法，就能根据需要设计各种各样的班会课。

本章将讨论以下内容：

1. 班会课的基本流程。
2. 班会课的基本设计思路。
3. 班会课从设计到实施的大致过程。
4. 班会课设计方案的格式。
5. 班会课各环节的设计要领。
6. 班会课常用的活动手段。
7. 班会课的准备工作。
8. 班会课素材的获取与制作。
9. 班会课的课后反思。

一、班会课的基本流程

班会课的基本流程参见图 4-1。

任何一节班会课都包含“问题呈现”“问题分析”和“问题解决”三个部分。此外，班主任在课前和课后还要做很多工作，特别是班会课的设计和准备。

图 4-1　班会课的基本流程

班会课的设计过程就是对如何围绕主题组织素材，运用一定的方法和手段对主题展开研究，讨论并得出结论或展开行动的思考过程。

二、班会课的基本设计思路

虽然班会课有多种类型，主题千变万化，但基本设计思路是不变的，参见图 4-2。

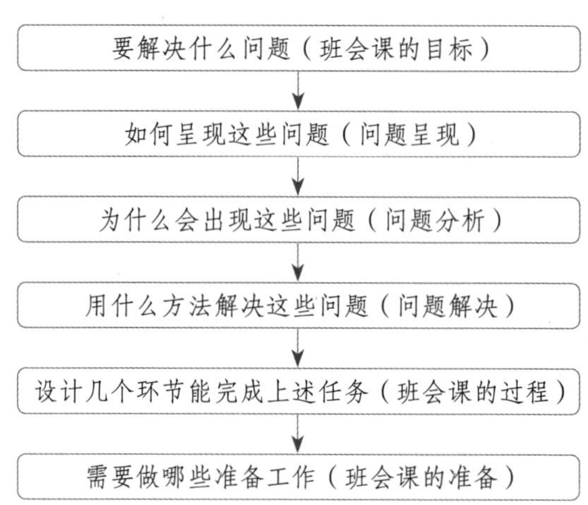

图 4-2　班会课的基本设计思路

班会课设计的极简思路就是三个关键：是什么，为什么，怎么做。分别对应班会课的三个部分：问题呈现，问题分析，问题解决。所谓班会课的设计，就是设计如何做好这三件事。

是什么：解读主题，学习本节课涉及的知识。

为什么：从情感、价值观等方面引导学生，帮助学生理解主题，确立想法，改变态度。

怎么做：提出具体的行动方案及计划。

运用这个“套路”，我们可以迅速生成任何一节班会课的设计思路。比如：

“远离网络暴力”主题：什么是网络暴力？为什么会出现网络暴力？如何应对网络暴力？

“劳动教育”主题：什么是劳动？为什么要劳动（劳动有什么意义）？我们怎么参加劳动？

有了框架，再在框架里填充一些合适的活动，一节班会课就设计好了。是不是很简单？

三、班会课从设计到实施的大致过程

班会课从设计到最后实施，大致包括以下几步。

①对班会课的主题展开思考，找出主题中包含的教育点，大致确定班会课的目标。

②学习与主题相关的理论，查找资料，寻找素材，进一步明确设计思路。

③做设计前的准备，主要是通过问卷、访谈等方式了解学生对主题的想法、态度和存在的问题。根据学情确定班会课的目标。

④根据目标确定班会课的结构、主线和活动环节。

⑤完成班会课的设计，撰写活动方案。

⑥完成班会课的各项准备工作，包括教师准备和学生准备。

⑦实施班会课，应注意控制进程、局面、节奏，努力达成教育目标。

⑧班会课的后续工作。包括总结反思、跟进作业完成情况、思考班会课后的继续教育。

四、班会课设计方案的格式

班会课的设计方案以文本形式呈现，类似学科教学的教案。如何写一个详细、正规的班会课设计方案呢？内容和流程参见图 4-3。

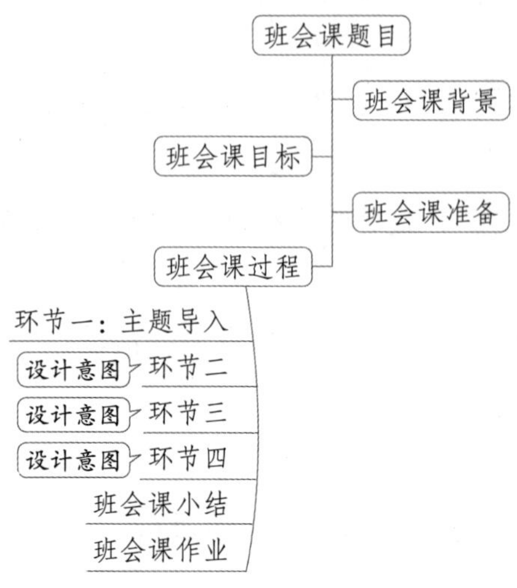

图 4-3　班会课设计方案的格式

班会课的设计方案可以是文字式的，也可以是表格式的。表格式的设计方案看上去结构更清楚一些（参见表 4-1）。我们还可以在设计方案后附上班会课流程的思维导图。

表 4-1　班会课表格式设计方案样例

班会课题目	
班会课背景	
班会课目标	
班会课准备	

（续表）

班会课过程		预设	设计意图	备注
主题导入				
环节二				
环节三				
环节四				
班会课小结				
班会课作业				
课后反思				

五、班会课各环节的设计要领

1. 班会课主题

设计班会课前，首先要研究主题。班会课的主题与班会课的题目不是一回事。

班会课的主题有两个层次。

（1）班会课的教育主题

教育主题是方向性的、宏观的。比如，爱国主义教育、感恩教育、劳动教育、文明素养培养等。

（2）本节班会课的主题

班会课的主题是明确、具体的，它直接决定了班会课的目标。班会课的主题与教育主题是从属关系，也就是说班会课的主题是教育主题中的一个具体内容。

选择班会课主题的原则是“一课一主题”，否则无法深入讨论。

选择班会课的主题要遵守“三宜三不宜”原则：

①宜实不宜虚，虚则易流于说教。

②宜小不宜大，大则易空洞无物。

③宜窄不宜宽，宽则易蜻蜓点水。

【案例 4-1】 中学生人际交往班会课主题的确定

某位班主任参加班会课赛课，主题是中学生人际交往中的关系问题。班主任列出了这节课要讨论的问题：①亲子关系；②师生关系；③同学关系。他的设想有什么问题呢？

一节课只有 40—45 分钟，却要讨论三个大问题。为了完成教学任务，只能压缩内容走流程，这样一来势必很仓促，每一个问题都无法深入讨论。这就好比在一节课内上完一个单元的内容，这是不可能完成的。

经过集体备课，最后确定这节课重点讨论同学关系。学生在处理与同学的关系时要用到的一些人际交往的通用原则和方法，也可以迁移到对其他关系的处理中。这样就能把这个主题讲透，保证效果，班会课准备的工作量也能大大降低。

2. 班会课题目

班会课题目是在演示文件或板书中直接呈现给全体学生看的标题。班会课题目当然是班会主题的反映，但并不一定直接出现主题原话。

我们需要精心设计班会课题目，在设计时可参照以下原则。

①明确具体。班会课题目要明确具体，要让学生一看到班会课题目就知道这节课要讲什么内容。

②保持中立。班会课的目标是立德树人，但班会课题目尽量不要直接亮出价值观，带有明显的倾向性，否则会对学生形成心理暗示，让学生产生迎合心理。若学生不敢暴露真实想法，班会课就会成为形式主义的东西，与简单说教没有什么区别。

③回避“大词”。班会课题目要回避“大词”。“大词”具有明显的倾

向性，会把班会课搞成宏大叙事，远离学生实际生活，诱导学生说大话、说空话。

④隐藏目标。班会课要有明确的教育目标，但好的班会课题目会尽量隐藏教育目标。这样做一是避免倾向性过于明显，二是能引发学生的好奇心。

注意：原则④“隐藏目标”与原则①“明确具体”不矛盾。前者是不暴露教育目标，后者则是明确班会课讨论的内容。

⑤贴近学生。班会课题目要采用贴近学生实际情况、贴近生活的表达方式，要“接地气”。题目中若出现学生熟悉的梗、谐音、网络热词等，不仅有趣，还会让学生觉得亲切，更自然地融入班会课。

⑥艺术表达。如果班会课题目很美，甚至带有浪漫色彩，会提升学生的审美情趣及文化素养。古今中外的名诗名句、经典名言、历史典故以及美文中的金句，只要符合班会课的主题，皆可用作班会课题目。

注意：这类富有艺术性的表达方式往往不够明确直白，所以若用在班会课的主标题中，副标题需要直接表达班会课的主题。

⑦设置悬念。如果在班会课题目中设置一定的悬念，就可以有效激发学生的探究兴趣，吸引学生参与到班会课中来。

班会课题目并非信手拈来，它往往需要设计者花费很多时间、精力。但这样的付出是值得的，一个精彩的班会课题目能起到画龙点睛的效果，会给班会课锦上添花。设计者既可以先想题目再设计内容，也可以一边设计一边思考，也可以在设计完成后再思考。

【案例 4-2】 一节关于“节俭”的主题班会课题目的设计

某次班会课比赛的主题是“节俭养德”。几位班主任在集体备课时一致认为，这个主题不能直接用作班会课的题目。关于“节俭”的话题很多，比如，节约水电、节约生活用度、节约粮食等。班会课不能面面俱到，必须缩小范围。经反复讨论，几位班主任最后决定聚焦一点——节约粮食。这个话题既贴近学生的生活，又符合国家的政策号召。规定的主题中有“养德”字样，班会课就一定要把“节俭”和“美德教育”联系起来。什么样的题目既符合规定的主题，又能反映这节课要讨论的具体问题，还不失生动，能引发学生的兴趣？经过长时间的思考，几位班主任最终将班会课的题目确定为“守住‘粮’心，吃出美德”。

从这个实例中，我们可以发现教育主题、班会课主题、班会课题目的区别和联系，教育主题是“节俭养德”，班会课的主题是“节约粮食，培养美德”，而学生看到的班会课题目是“守住粮心，吃出美德”。这个题目，既符合命题人对班会课主题的要求，也让人明白这节课要讨论的具体问题，同时运用了谐音，显得生动。题目还设置了悬念——吃能吃出什么美德？这能引发学生的兴趣。

3. 班会课背景

班会课背景就是这节班会课的缘起。班主任需要在“班会课背景”中详细说明基于什么和为什么要上这节班会课，包括发生的案例、出现的问题或机会，以及学情分析等。这些因素构成了这节班会课的必要性。班会课的背景分析与班会课目标直接相关，班会课就是要解决班会课背景中提及的问题。

班会课的机会分析也是班会课背景的内容之一。所谓“机会”，就是恰逢一个时间节点，发生了一个社会热点事件，或正好有一个合适的嘉宾，等等。机会是资源，我们要好好把握。但更多的情况是“机会 + 问题”，即出现的机会正好与班级的问题吻合，我们抓住机会是为了解决班级的问题。若班会课利用了一个好机会，学生参与的积极性就会明显提高，班会课的效果也往往较好。

班会课背景中的机会分析参见本书第二章案例 2-6“临时决定的班会课”。

【案例 4-3】 班会课背景分析样例

班会课题目：与理想同行

班会课背景：

进入高二后，我班不少学生学习上出现疲态，有点儿浑浑噩噩。一些学生暑期里沉迷网络，开学后精神萎靡。高二学生对高中生活的新鲜感及刚选科后的兴奋感已经消退。高二是高中承上启下的阶段，相当于长跑的“途中跑”。动力不足，难以保持状态，甚至迷失方向，是这个时期比较容易出现的问题。此时召开一节关于“理想”的班会课，帮助学生明确前进的方向，树立人生目标，是很有必要的。本节课的难点在于，高二学生已具备独立思考的能力，对很多问题都有自己的见解，他们的价值观正在形成但尚未稳定，简单说教对他们已经没有什么作用。如何让学生的内心对“理想”这个老话题有所触动，发挥理想对行动的引领作用，是这节班会课的重点。高中生需要有理想，至少要有寻找理想、追逐理想的意识，才能度过这段迷茫期，更有奋斗的动力。本节班会课希望让学生树立理想，让学生知道在人生之路上需要有理想相伴，拥有理想，才能拥有前进的动力。（案例提供：江苏省南京市第二十七高级中学钱希卓，收入时略有改动）

4. 班会课目标

（1）班会课目标的分类

班会课的主题就是总目标。“班会课目标”是对班会课主题（总目标）的分解和具体化。

班会课讲求“知、情、意、行”合一，我们可以据此将班会课目标分解为“认知目标”（知）、“情感态度与价值观目标”（情、意）和“行动目标”（行）等。

①认知目标是指学生在本节课上要学习的知识，包括认知知识（概念、原理、法则等）和技能知识（做事或完成某项工作需要的方法和技术）。

认知目标的达成情况分成“了解”“理解”“掌握”三个层次。

班会课的认知目标解决了“是什么”“我为什么要这么做”以及“怎么做”等问题，一般在班会课的“问题分析”环节达成，是达成情感态度与价值观目标及行动目标的基础。

②情感态度与价值观目标。情感是人的态度和心理反应，如喜爱、幸

福、厌恶、愤怒、恐惧等，它包括道德感和价值感。

态度是对他人、观念、事件等的心理倾向，包括认知因素（如相信、怀疑、支持、反对等）、情感因素（如尊敬、热情、冷漠等）和行为意向因素（准备做出何种反应）。

价值观是一个人对待事物的基本看法，包括基本信念和价值取向（如判断对错、值不值得）。

情感态度与价值观目标的达成可分为“感受”“认同”“内化”三个层次。

情感态度与价值观目标一般在班会课的“问题分析”环节达成。

③行动目标。行动是指为达到某种目的而进行的活动。班会课的行动目标就是班会课要研究出的方案或拿出的行动，一般在“问题解决”环节达成。

（2）班会课目标的撰写方法

规范的班会课目标包括目标名称、达到目标的条件和动作以及相关连接词（参见表4-2）。

表4-2　班会课目标的撰写要领

<table>
<tr><td>达到目标的条件</td><td colspan="2">通过、利用、根据等词＋内容</td></tr>
<tr><td>达到目标的动作</td><td colspan="2">做游戏、观看视频、小组讨论、角色扮演、辩论等</td></tr>
<tr><td>连接词</td><td colspan="2">能、会等（或不写）</td></tr>
<tr><td rowspan="3">认知目标
（知）</td><td>了解</td><td>说出、认识、列举等词＋内容</td></tr>
<tr><td>理解</td><td>解释、归纳、概括等词＋内容</td></tr>
<tr><td>掌握</td><td>设计、解决、总结等词＋内容</td></tr>
<tr><td rowspan="3">情感目标
态度与价值观目标
（情、意）</td><td>感受</td><td>感知、体验、体会等词＋内容</td></tr>
<tr><td>认同</td><td>认可、尊重、珍惜等词＋内容</td></tr>
<tr><td>内化</td><td>形成、养成、树立等词＋内容</td></tr>
<tr><td>行动目标（行）</td><td colspan="2">制定、完成、运用等词＋内容</td></tr>
</table>

在撰写班会课目标时，我们只要将表 4-2 的各个部分组合一下，再加上具体内容，连词成句即可。

注意：不是每个目标都要达到最高层次，要根据学生的状况和教育需要确定目标层次。

一节班会课的时间和容量有限，所以目标不能太多，一般 3—4 个目标是比较合适的。

下面是“班会课目标”样例。

【案例 4-4】“班会课目标”样例

班会课教育主题：劳动教育

班会课题目：致敬劳动者，成为劳动者

授课对象：高一学生

班会课目标：

1. 认知目标

①通过分析劳动的概念和分类，明确劳动与学习的关系。

②通过个人感悟和理论解读，知道体力劳动对个体和社会发展的重要意义。

2. 情感态度与价值观目标

用视频和故事产生共情，培养对劳动者的敬意。

3. 行动目标

通过小组讨论，制定适合高中生特点的劳动内容并提出劳动时间安排建议。

5. 班会课准备

“班会课准备”是班会课设计方案中不可或缺的一部分。在设计方案文本中，“班会课准备”在“班会课过程”之前，但实际上在班会课设计完成之后才开始撰写“班会课准备”，因为只有每个环节都设计好了，我们才能知道到底需要做哪些准备工作。

班会课准备一般采用“任务单”的形式，一项一项详细列出。准备工作要写具体，包括做准备的人（教师、学生、家长或嘉宾等）。

班会课准备分为硬件准备和软件准备。硬件准备包括给学生分组，邀请嘉宾，安排道具、多媒体，布置教室等。软件准备比较多，也更重要，包括查找资料、设计调查问卷、准备阅读材料、安排采访访谈、撰写文章、排演小品、制作课件等。

【案例 4-5】“班会课准备”样例

班会课题目：公德与私德

班会课准备：

1. 全班学生分成 8 个小组，包括一个资料组和后勤组。上课时 8 个小组围坐，班长负责组织。

2. 资料组查找关于公德、私德的资料，做成课件，交班主任审阅。

3. 6 个小组抽签，其中 3 个小组分别做一个 2 分钟的情景模拟，再现班级中的公德问题，场景时间分别选在早读前、午休、放学后。注意要有正面的例子。另外 3 个小组分别点评 3 个作品，对应的小组长要事先沟通。

4. 各小组搜集班级里讲公德和不讲公德的例子，每组至少搜集 1 个（组长负责），做好发言准备。

5. 后勤组准备彩色卡纸和马克笔，负责现场各种设备的使用，组长负责。

6. 班会课过程

“班会课过程”是班会课方案的主要部分，内容包括从班会课开场直至结束的全部流程（参见图 4-4）。

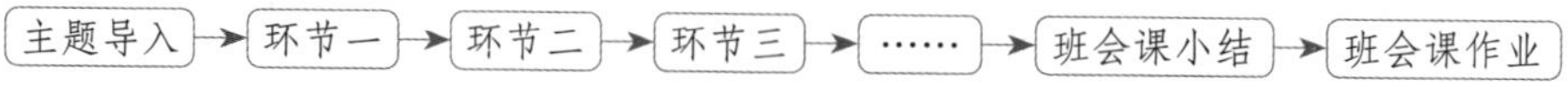

主题导入 → 环节一 → 环节二 → 环节三 → …… → 班会课小结 → 班会课作业

图 4-4　班会课教案中的班会课过程

①主题导入。这部分要写清楚班会课用什么方式暖场和引入主题。

②问题呈现（环节一）。这是班会课正式进入主题后的第一个环节。这部分要写清楚问题是什么以及用什么方式呈现问题。

③问题分析与问题解决（环节二、环节三、环节四……）。问题分析与问题解决是班会课的核心内容，可能包含若干个环节。要将每个环节的活动及各个环节之间的过渡语写清楚。

④设计意图。每个环节后都要有设计意图。设计意图是班会课活动方案中非常重要的内容，特别是参加比赛的主题班会课，这部分内容必不可少。

设计意图主要写为什么这个环节要这样设计、理论依据是什么、前后环节的逻辑关系是什么、预计达到的效果是什么等。设计意图可以让听课人或读者更好地理解班会课的设计理念和所运用的方法。

⑤预设。预设就是完成活动或主持人提出问题后，预计学生可能有的表现及回答。在班会课教案中，预设是一个很重要的内容。有了预设，我们就会有针对性地做准备，将班会课按照设计的流程推进下去。准确的预设建立在对学情的了解和给学生搭建的脚手架基础上，是一种合乎逻辑的推测。封闭式的问题比较好预设，开放式的问题只能尽量预设，但现场依然可能会有出乎意料的回答。这就要求班主任要有较扎实的理论功底，将本节班会课运用的原理理解透彻，同时有较强的应变能力。其实，做“预设”的主要目的也就是提醒班主任要做充分的准备。

⑥班会课小结。这部分内容是班主任（班会设计人或执教者）主讲的，也是班会课的精华。班会课小结不是走过场，而是一项很有意义的工作。进行班会课小结可以强化学生对这节课关键点的记忆，巩固教育成果。

班会课小结的主要内容有回顾本节课的重点内容，概括归纳本节课的主要观点，升华本节课的思想，点题，首尾呼应。

⑦班会课作业。班会课也是课，与学科教学类似，布置课外作业也是常规工作。班会课作业是班会课教育内容的巩固、延伸、实践和练习。系列班会课的作业还有预习及为下一节课做准备的功能。

应当说明，“班会课过程”是预设计，实际上课时可能会有一些现场生成的东西导致班会课没有完全按照设计走。同时，如果班会课的进程与预设完全一致，甚至每句话都像剧本台词一样准确，会给人很“假”的感觉。所以，班会课的过程设计一定不能刻板，要给学生留下较多的自由发挥空间。而班会课的主要教育内容和总体进程则必须在班主任的掌控中，一些关键点的设计不能过于粗放，这样才能圆满完成班会课的教学任务。所以，“班会课过程”设计要详略得当。设计方案中需要详细撰写的内容包括开场白、活动的操作步骤（含游戏）及时间、过渡语、关键的提问、总结提升的要点。其余内容则可以简略一些。

六、班会课常用的活动手段

从达成目标的手段上看，班会课与学科教学课最大的区别就是它的情境性。学科教学课也会创设教学情境，但没有班会课那么丰富。班会课一般不会把道理直白地说出来，而是通过创设情境，让学生明白事理、获得感悟。本来一句话就能说清楚的道理，却要先组织学生表演一个小品或看一段视频，再讨论一番，最后把感受或思考的结果表达出来。情境性、活动性、体验性、参与性这些都是班会课的特点，也是班会课比学科教学课更有趣、学生参与度更高的原因。

1. 班会课常用的活动手段

班会课创设情境的手段很多，活动也丰富多彩。班会课的每个环节都要安排一些活动。有些活动手段在各个环节都可以使用，而有些则更适合安排在某一个特定环节中，具体请参见表 4-3。

表 4-3　班会课常用的活动手段

班会环节	主要活动手段	通用手段
暖场导入	视频、音乐、图片、游戏、语言、课件	课件 板书 音乐 视频 提问
问题呈现	放视频、报新闻、讲故事、读文章、看图片、表演小品（情景剧）、心理测试、现场调查、展示调查结果（数据）、展示实物、采访访谈	
问题分析	专业人士讲解、理论分析、提问、自由发言、接龙发言、小组讨论、小辩论、家长（嘉宾）参与、头脑风暴、画思维导图、在网络上远程互动	
问题解决	按要求完成任务、分组展示讨论结果、拟订方案、想出办法、提出建议、发出倡议、投票表决	
班会课结束	主持人小结、嘉宾点评、唱歌、朗诵、播放歌曲（音乐）、宣誓、集体签名、喊口号、布置作业	

可用于班会课的活动虽然很多，但是一节课并不能安排过多的活动。班会课中的活动不是越多越好，场面不是越热闹越好。所有活动都是为达成教育目标服务的，所有与实现目标无关的活动都是多余的。班会课真正要关注的是学生的心理活动。有些班会课，虽然形式较为简单（比如有些访谈类的班会课），但因为主题明确，主线清晰，有吸引人、打动人的内容，同样十分精彩，效果也很好。判断一节班会课是否有效，主要是看它能否触动学生的内心和让他们有所行动。

2. 达成班会课目标的主要活动形式

班会课各类目标的达成都有合适的活动形式，参见表 4-4。

表 4-4　达成班会课目标的主要活动形式

班会课目标	达成目标的主要活动形式
认知目标	阅读、讲解、推理、实验、测试
情感目标、态度与价值观目标	案例分析、叙事共情、辩论
行动目标	独立思考、小组讨论、班级议事

3. 中小学班会课合适的活动形式

在设计班会课时，我们要考虑本班学生的年龄，选择学生比较容易理解、接受的活动方式。根据心理学家让・皮亚杰（Jean Piaget）的认知发展理论，学龄前儿童处于前运算阶段，小学阶段的儿童大致处于具体运算阶段，中学阶段的学生处于形式运算阶段。所以，同一主题的班会课在小学和中学开，活动方式是不能一样的。有些活动适合小学生，有些活动则不适合（如辩论）；而小学生喜欢的班会课形式，中学生往往会觉得幼稚可笑。适合不同认知发展阶段的班会课活动形式参见表 4-5。

表 4-5　中小学班会课合适的活动形式

学段 相关内容	小学阶段	中学阶段
认知发展阶段	具体运算阶段	形式运算阶段
大致年龄	7—11 岁	11 岁—成年
主要表现	逻辑思维能力有所提高，会使用可逆性运算，思维开始去集中化，自我中心倾向减弱，但还不能进行典型的抽象思维	可以进行抽象思维和纯符号思维，能应用系统化思维来解决问题
合适的活动形式	做游戏、表演、做示范、看视频、讲故事、做实验、实操演示、角色扮演	玩心理游戏、概念解读、理论分析、图表数据分析、逻辑推理、心理剧表演、小组合作、辩论

为了将更多精力投入问题讨论中，也为了减少准备班会课的工作量，班会课中的表演和技术手段不宜过多。

七、班会课的准备工作

一节班会课只有 40—45 分钟，而且不能“满堂灌”，要想在这么短的时间里让学生在主持人的引导下完成自我教育，达成若干教育目标，没有课前的精心设计和准备是不可能实现的。

班会课的准备是在班会课设计完成之后进行的，有了设计，我们再做准备。但是也可以在有大致思路时，甚至思路不太明朗的情况下做一些前期准备工作，在此过程中获得的一些信息很可能有助于班会课的设计或改进已有的设计。

班会课的准备工作分为教师准备和学生准备。

1. 教师准备

教师的准备工作主要包括：

①对主题进行思考，有时也需要和同事进行集体备课、头脑风暴，集思广益，整理出班会课的大致思路。

②查找资料，阅读文献，搜索相关的参考课例，掌握与班会课主题有关的理论知识。

③搜集或制作班会课需要的素材，如图片、故事、视频等。

④设计班会课流程，撰写班会课设计方案，制作课件。

⑤设计并发放课前调查问卷，对有关学生、家长进行访谈，整理并分析调查结果，调整班会课设计方案。

⑥设计班会课情景剧脚本（如果有的话），安排学生排练。

⑦培训班会课学生主持人（如果有的话）。

⑧准备班会课可能需要的游戏道具、卡纸、马克笔等。

⑨邀请班会课嘉宾并做好沟通（如果有的话）。

⑩安排班会课的分组、教室布局，检查多媒体设备，熟悉设备操作，提前调试好课件。

⑪如果有需要的话，可准备班会课的学案（学生上课时用）。

2. 学生准备

学生的准备工作主要包括：

①学生主持人熟悉班会课的流程和串词。

②排练小品或情景剧（如果有的话）。

③完成调查问卷、命题作文等。

④预先思考班会课的主题。

⑤完成班主任布置的其他准备工作。

学生是班会课的主体。要提高班会课的实效性，让学生做好课前准备非常重要。如果学生是在毫无准备的情况下上课，教育效果就会大打折扣。

班主任可以按照“五先”原则让学生做好班会课前的准备工作。

①先做。课前调查、实验、实践。

②先查。课前自己（或小组合作）查找有关资料。

③先写。完成一定的写作任务，如写故事、经历、感受、想法。

④先读。先阅读有关书籍，观看影片资料。

⑤先思。对班会课主题进行一定的思考。

班会课的准备做得越充分，班会课的效果就越好。教育不仅发生在课堂上，也发生在课前、课后。班会课就像冰山一样，课堂上呈现的只是浮在水面上的部分，而准备工作则是水面以下的部分。

八、班会课素材的获取与制作

寻找、制作班会课的素材是班会课准备中最重要的工作之一，素材的质量直接影响班会课的质量和课堂效果。班会课像是一道菜，流程相当于做菜的工序，素材好比是食材。好食材是做出好菜的基础，没有优质食材，手艺再好也做不出好菜。

1. 素材的作用

素材在班会课中的作用包括：

①将班会课的教育内容故事化、可视化，避免空洞说教。

②丰富班会课的内容，提升趣味性和吸引力。

③营造氛围，制造情境，提升效果。

④引发学生思考。

⑤自制的素材贴近学生的实际情况，让他们有亲切感，提升参与度。

⑥给班会课的设计带来启发。

2. 素材的获取

应围绕教育目标准备班会课素材，班会课素材的来源有两个。

①自己制作。身边的案例或故事、调查问卷的结果、采访录音或视频、自己拍摄的视频、学生参与的表演、老师或学生自制的作品（包括照片、文字），这些素材来自本班或本校，班主任、学生或家长都可以参与制作，同时也是这些素材的主角。

在班会课中运用这类素材效果往往很好。

②从其他渠道获取。我们还可以从书本、媒体、自媒体或网络，包括新闻、故事、电影（片段）、音乐、视频、心理测试、游戏等渠道获取素材。

现在网络上无所不有，可以说需要什么素材，就一定能找到什么。但网络上很多信息真伪难辨。班主任要注意两点：一是要鉴别真伪。绝不采用不可靠、无法核实的信息。二是要学会剪辑、编辑素材，把有用的地方保留下来，以提高素材的使用效率同时也节省时间。

九、班会课的课后反思

我们在设计时无法全部预料到班会课的效果。设计者的想法能否实现，只有实际做了才知道。班会课现场的情况和预设的偏差，有些是正向的，也有些是负向的。认真总结哪些是可控的、哪些是可以调整的、哪些是可以提升的，特别重要。每次班会课结束后，班主任都应立即反思并询问班会课参与者，总结得失。可以将实施过程中的问题与心得写在教案对应的地方，在教案后附上小结。

总结与反思还可以帮助班主任有针对性地开展班会课课后的教育。

班会课课后的反思内容参见图 4-5。

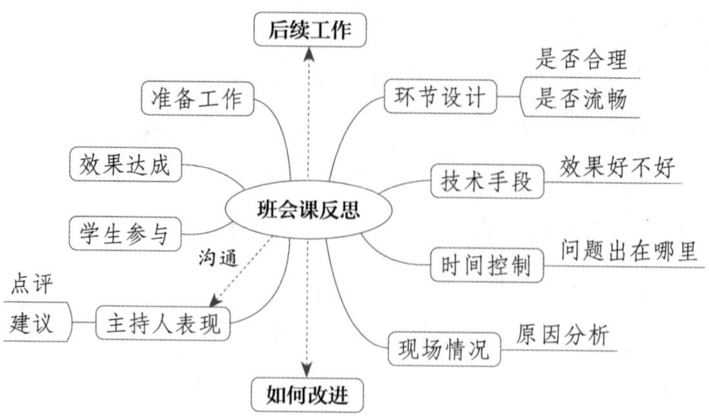

图 4-5　班会课课后反思的主要内容

思考与实践

1. 在网络上搜索一些主题班会课，分析它们的优缺点，归纳它们给自己设计班会课带来的启示。

2. 在设计班会课时，试着运用网络搜索和自己制作两种方式获得素材，看看哪种方式效果更好。

3. 用“是什么，为什么，怎么做”的基本框架，明确一节班会课的总体思路。

本章内容概要

- 班会课设计概述
  - 班会课的基本流程
  - 班会课的基本设计思路
  - 班会课从设计到实施的大致过程
  - 班会课设计方案的格式
  - 班会课各环节的设计要领
    - 班会课主题
      - 班会课的教育主题
      - 本节班会课的主题
    - 班会课题目
    - 班会课背景
    - 班会课目标
    - 班会课准备
    - 班会课过程
      - 主题导入
      - 问题呈现
      - 问题分析与问题解决
      - 设计意图
      - 预设
      - 班会课小结
      - 班会课作业
  - 班会课常用的活动手段
    - 班会课常用的活动手段
    - 达成班会课目标的主要活动形式
    - 中小学班会课合适的活动形式
  - 班会课的准备工作
    - 教师准备
    - 学生准备
  - 班会课素材的获取与制作
    - 素材的作用
    - 素材的获取
  - 班会课的课后反思

第五章

班会课的结构

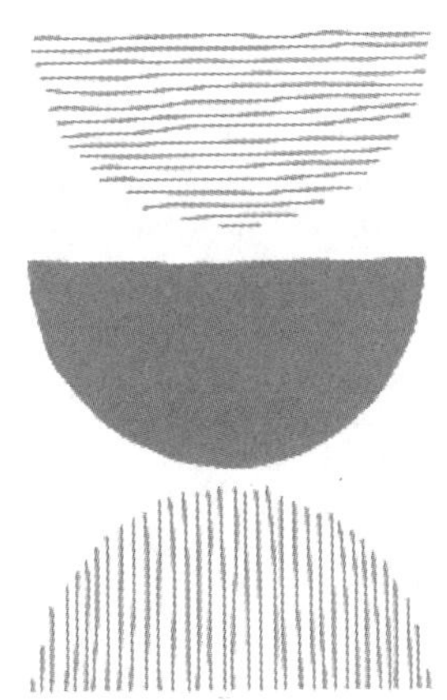

无论什么样的班会课，都必须有问题呈现、问题分析、问题解决三个部分。本章将结合实例介绍班会课通用的思路和方法。

本章将讨论以下内容：

1. 班会课的基本结构。
2. 班会课过程的环节安排。
3. 班会课各环节内部的结构。
4. 如何设计班会课的主线。

一、班会课的结构

班会课也是课，是课就有课的结构。结构是班会课的骨架，我们把活动填充进骨架，班会课就完整了。我们首先要能运用一些基本方法把一节班会课完整地设计出来，然后再考虑如何让班会课变得更加精彩。

1. 班会课的基本结构

一节完整的班会课包含问题呈现、问题分析、问题解决三部分。这样，班会课就有两种基本结构。

第一种比较简单，如图 5-1 所示，包含问题呈现、问题分析、问题解决三个环节，意在解决一个问题。

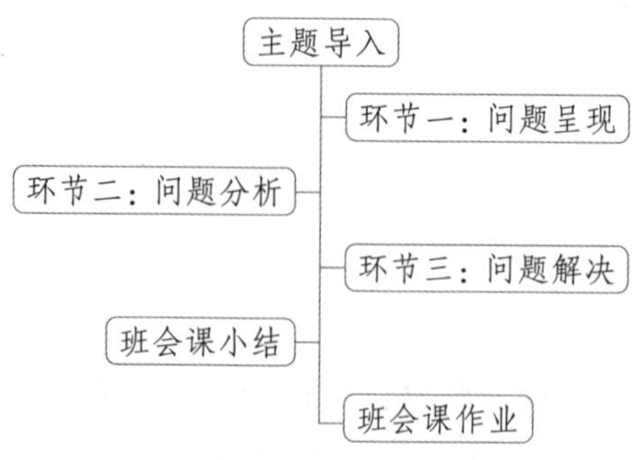

图 5-1　班会课基本结构 1

第二种如图 5-2 所示，每个环节都分别包含问题呈现、问题分析、问题解决三个内容，即每个环节解决一个问题（达成一个目标）。班会课要解决几个问题就设置几个环节。

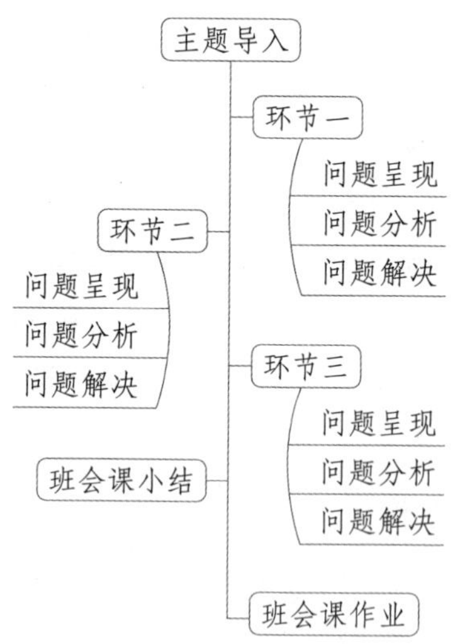

图 5-2　班会课基本结构 2

微班会一般采用第一种结构，一般的班会课经常采用第二种结构。

2. 班会课过程的环节安排

班会课主题导入后的环节通常有三种安排方式。

(1) 直列式

这是班会课用得最多的一种方式。直列式示意图参见图 5-3。

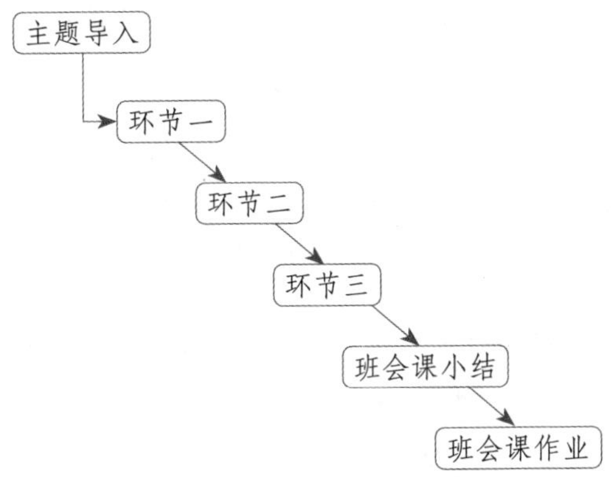

图 5-3　班会课直列式环节安排

直列式的特点是层层深入，一环扣一环。环节一的结论引发环节二的问题，环节二解释环节一提出的问题，结束时引出环节三的问题，以此类推。

直列式的环节安排是不能颠倒的，有一才有二，有二才有三。随着班会课的进行，学生对问题的认识逐步深入，感情逐渐升华，最后达到高峰。这种顺序比较符合人的思维习惯，也有利于促进学生思想的发展。

以下情况比较适合用直列式环节安排。

①讨论的问题有时间顺序（过去，现在，未来）。

②讨论的问题有发展顺序（开始，然后，最后）。

③讨论的问题之间有因果关系（因为，所以；如果，那么）。

④对问题的思考是逐渐深入的（由浅入深）。

【案例 5-1】 主题班会课“说说规则那些事（下）”讨论环节的安排

班会课背景：这节班会课是规则教育系列班会课中的一节，授课对象为中学生。前一节班会课讨论了规则的概念、作用、制定方法，并以班级管理中与迟到现象有关的规则为例做了探讨，本节课将对规则问题进行深入讨论。引入班会课主题后，班主任安排了以下几个讨论。

讨论一：小明上学要迟到了，他骑车一路飞奔，眼看就要到学校了，正好碰到一个红灯。闯过这个红灯，就不会迟到；不闯这个红灯，肯定会迟到，迟到要被班规处罚。请问：这个红灯，小明是闯还是不闯？

班会课现场：学生大都认为，尽管路口没有车辆，还是不能闯红灯，要遵守交通法规。但班主任提出，从自己观察到的情况以及对学生的了解，学生普遍存在“说到做不到”的问题。

于是有了“讨论二”。

讨论二：事实确实如此吗？你做过违规的事吗？在什么情况下发生的？

班会课现场：学生无法回避这个问题，因为每个人都做过违规的事。学生提出了各种理由。班主任请学生再次思考：如果因为这样那样的理由就可以违规，那规则还有什么意义？在“讨论一”中大家的表态岂不成了空话？

讨论三：前几天有报道称某出租车司机为救一个急病患者，以娴熟的驾驶技术一路闯红灯赶到了医院。结果病人得救了，但司机事后却收到了大量违章罚单。你认为这位司机该不该被处罚？

班会课现场：这次讨论比较热烈。大多数学生认为司机为救人闯红灯，不该被罚。但也有人认为虽然司机做了好事，但规则就是规则，违规了就要接受处罚，而司机因为救人被表彰是另外一回事。此外还有一些观点，比如有人认为司机这种冒险行为会带来新的安全隐患，虽然可能救人，但也可能给其他人造成伤害，等等。接着，班主任讲出了案例的后续。事件被报道后，交管部门接到患者家属的反映和大量群众来信，呼吁不要处罚这位见义勇为的司机。交管部门经过核实后，撤销了对司机的罚单，社会各界纷纷点赞。

班主任提出问题：“前面刚说不能因为各种理由违规，那这次为什么大部分人都支持不处罚司机？”在广泛听取了学生的回答后，班主任介绍了心理学家劳伦斯·科尔伯格（Lawrence Kohlberg）的道德发展阶段理论，阐明了三个讨论各自的意义。

在班会课小结中，班主任谈到规则虽然是人们为保护大多数人的利益而制定的，但规则也是可以修改、完善的。

以上讨论环节就是按直列式安排的，它的理论依据是科尔伯格的道德发展阶段理论。按照科尔伯格的观点，人的道德水平是逐步提高的，次序不能颠倒。所以，这种讨论只能用直列式，一个环节引出另一个环节，对问题的思考和讨论逐步深入。

在案例 5-1 的“讨论三”中，学生的回答与科尔伯格的道德发展“三层次六阶段”理论的对应情况可参见表 5-1。

表 5-1　科尔伯格的道德发展“三层次六阶段”理论与学生回答的对应

道德发展水平	道德发展阶段	关键特点	对出租车司机闯红灯案例的观点
前习俗水平	惩罚与服从阶段	避免惩罚，服从权威	赞成：若不救病人，会被病人家属殴打 反对：闯红灯会被罚款扣分
	相对功利阶段	对自己有好处	赞成：救人会得到很多报酬 反对：不值得为一个不认识的人闯红灯
习俗水平	寻求认可阶段	获得赞赏，成为家长、老师心中的好孩子	赞成：救人行为可以获得大家的表扬 反对：闯红灯的不是好司机
	维护权威阶段	维护法律，遵守规范	赞成：司机若不闯红灯，病人可能会死 反对：闯红灯是违法行为
后习俗水平	社会契约阶段	法律是可以商定的契约，个人应尽义务和责任	赞成：司机为救人而闯红灯情有可原，不应该被处罚，规则可以修改 反对：无论病情多急也不能闯红灯
	良心阶段	人类普遍的道义高于一切	赞成：人的生命高于一切 反对：闯红灯可能给他人的生命带来危险

（2）并列式

除了直列式，班会过程的环节安排还可以采用并列式。所谓并列式，是指几个环节之间纵向联系较少，都指向同一个主题。各个环节之间不存在递进关系，只是从不同的角度讨论同一个问题，所以对次序没有严格要求。

并列式环节安排可参见图 5-4。

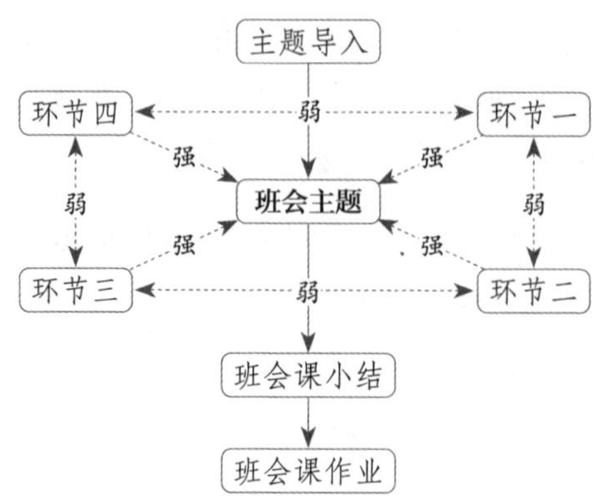

图 5-4　班会课并列式环节安排

在图 5-4 中，四个环节之间的关联弱于各环节与班会主题之间的关联。环节安排没有先后之分。师生经过若干环节，从不同角度讨论班会主题，最终得出结论。

【案例 5-2】 学生恋爱主题的班会课环节安排

班会课安排了四个讨论环节，聚焦学生恋爱的话题。

①学生恋爱问题，同学们怎么看？

②学生恋爱问题，老师们怎么看？

③学生恋爱问题，家长们怎么看？

④学生恋爱问题，社会人士怎么看？

班会课从不同角度讨论了学生恋爱的话题，让学生跳出个人狭窄的视野，了解其他人对这个问题的看法，听取多方面的建议。而这几组讨论本身没有先后次序的差别。最后，班主任在班会课小结中汇总了各方观点，也引用了一些心理学、社会学的理论和专家的意见，并没有简单否定中学生恋爱，而是给学生留下思考空间。

(3) 对立式

与并列式相比，对立式的环节安排更简单，就是持不同观点的双方围绕某个话题进行讨论。这种方式改变了班会课一言堂、一边倒的说教模式，让学生能大胆地表达自己的观点，对培养学生的思辨能力也很有帮助。

由于对立式只有两面，对应两个环节，故而略显单薄。所以，对立式的环节安排常用于微班会，或作为班会课某个环节的两个部分。

【案例 5-3】 关于能不能在教室里吃零食的讨论

某节微班会要讨论在教室里吃零食的问题，班主任设计了以下环节。

环节一：小组讨论，赞成在教室里吃零食的理由有哪些？组长记录在卡纸上。

环节二：小组讨论，反对在教室里吃零食的理由有哪些？组长记录在卡纸上。

环节三：把各组记录的卡纸贴在黑板上，汇总所有赞成和反对的理由，大家再次思考后投票表决。

环节四：如果表决的结果是“允许在教室里吃零食”，则要讨论什么时间允许吃、什么类型的零食允许吃、在教室里吃零食要注意什么等；如果表决结果是“不允许在教室里吃零食”，则要讨论如果有人在教室里吃零食，该怎么处理。

本节微班会环节安排的特点是，它不同于辩论，而是主张放下争执，共同思考。这样就避免了争吵，不会出现谁也说服不了谁的局面，讨论的结果对持不同观点的人都会有启发。

此外，在某个环节里安排有关两种对立观点的微辩论，比如，中学生使用手机的利与弊、班级管理的严格与宽松等，也是班会课常用的手段。这类讨论环节往往是班会课的亮点。

微辩论适合小学以上学段的班会课使用。

(4) 网络式

还可以将直列式与并列式或对立式混合使用，可以称为“网络式”。比如，整体的结构是直列式，其中某个环节是并列式或对立式，或者先用并列式，再用直列式，等等。这些环节是可以灵活安排的。

3. 班会课环节内部的“三段论”结构

班会课的每个环节都是一个微型的教学单元，它总是包含三个动作：活动 + 思考（或讨论）+ 结论（或感悟）。

也就是说，由三个动作组成的环节才是完整的。我们来看看下面的例子。

表演小品——谈谈感想——有什么启发？

做个测试——公布结果——说明了什么？

看段视频——说说想法——有什么意义？

听个故事——思考一番——有什么道理？

说段经历——大家议议——有什么启示？

环节内部的结构如图 5-5 所示。其中，第Ⅱ部分是需要主持人现场引导的，第Ⅲ部分有时候需要用到一些理论。

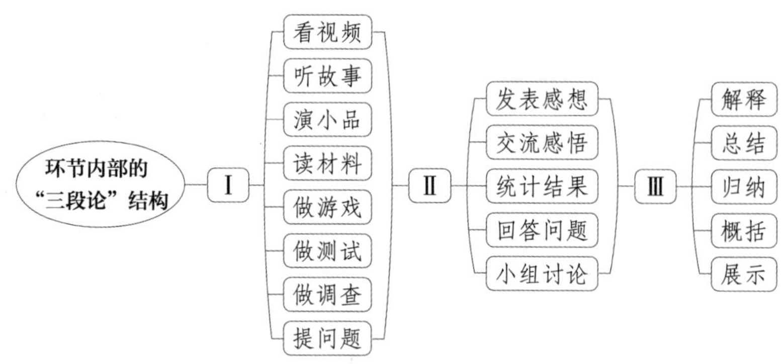

图 5-5　环节内部的“三段论”结构

4. 班会课的结构与班会课目标的达成

每节班会课都有若干目标。班会课的目标是在班会课推进的过程中一个一个达成的。我们在设计班会课时必须有目标意识，每个环节都要围绕一个小目标设计，并通过环节内的一些活动达成这个目标。每个环节都要有意义，与达成目标无关的活动，哪怕再精彩，也不能安排。

班会课目标达成的顺序一般是“认知目标——情感目标——态度价值观目标——行动目标”。当然，这个顺序不是绝对的。

5. 班会课的结束部分

一节班会课的结束部分一般只有几分钟，要安排三个内容：

①班会课小结。

②班会课的结束语。

③布置班会课作业。

二、班会课的主线

班会课不是几个活动的简单罗列，每节班会课都必须有一条贯穿始终的主线。学生和听课人要能明显感觉到这条主线并跟随着这条主线思考、体验，获得感悟，最终实现设计者想要达到的教育效果。

撰写班会课的活动方案就像写剧本，每个环节相当于剧本中的一个场景。安排环节要有逻辑，要把班会课的教育思想渐次展开，便于学生理解、认同、接受。直列式、并列式、对立式环节安排都是有逻辑关系的。

1. 设计班会课主线的思路

班会课的各个环节也是密切相关的，即所有环节都要紧扣主题。各环节之间的逻辑关系要符合人的认知发展规律，最好是由浅入深、由易到难、由个别到一般、从具体到抽象。

班主任要思考用什么情境、线索、故事将教育主题串起来。一般来说，时间、事件、人物、与主题相关的思想和理论等都可以设计成主线。

（1）时间线

时间线是一种常见的串联方式。很多班会课的主题都可以用“时间”

作为主线展开。比如，爱国主义教育题材的班会课可以以一个小切入点（如一个钱包、一张全家福照片等）在不同时代的内容为线索展开。

时间线的基本思路是回顾过去，启迪现在，展望未来。

【案例 5-4】 主题班会课“礼‘上网’来”的时间线

本节班会课的教育主题为“明礼重仪”。设计者经过反复思考，选择将“网络交流的礼仪”作为班会课主题并确定班会题目为“礼‘上网’来”。班会课的教育重点是“礼仪”，切入点是“网络”。网络交流是新生事物，而明礼重仪的美德自古有之。变化的是交流方式，不变的是交流中的尊重、礼貌及文明素养。设计者按照时间线，将从古至今人们交流的方式和礼仪用表演的方式做了梳理，并采用“穿越”的手法，假想了不同时代的人（如孔子、李白、苏轼、林黛玉、鲁迅等）在微信群里沟通的场景，极大地增加了班会课的趣味性，调动了学生参与的热情，班会课也取得了不错的效果。

（2）人物线

所谓人物线，是指寻找学生熟悉的、与班会课主题相关的人物（可以是一个，也可以是多个），以人物为线索展开、诠释主题。

【案例 5-5】 主题班会课“理想”的人物线

这节班会课的设计难点在于如何把比较抽象的概念变得形象生动，避免空洞说教。设计者决定以一个具体的人物为主线，通过他的故事诠释理想以及一个人理想的变化。学生能从这个人身上读出自己，因为一个人对理想的认识是随着年龄、经历和思想观念的变化而变化的。

这样，班会课的主线也就有了，可以聚焦一个话题不断深入下去，用这条主线牵引学生思想认识的发展。

设计者最后决定用乒乓球运动员马龙的成长经历作为主线，原因有三个。

第一，大家对乒乓球明星都比较熟悉。

第二，马龙的成长经历与班会主题非常适切。被称为“六边形战士”

的马龙，其成长并非一帆风顺，他对理想的理解也是随成长而变化的。随着年龄的增长，马龙对乒乓球的理解早已超越金牌和个人荣誉，他的理想在升华。

第三，设计者本人就是马龙的球迷，很了解马龙的经历。这一点也提示我们，班主任可以选择自己熟悉的人物作为主线，这样讲起来能得心应手。

有了主线，班会课的设计就比较顺利。因为素材好，学生的参与度高，班会课取得不错的效果。一节容易陷入说教的班会课，因为有了"人"而变得真实、生动。

（3）故事线

学生都爱听故事，故事几乎适用于所有学段的班会课。但班会课不是为讲故事而讲故事，而是用故事吸引学生，用故事讲道理、解读主题。可以用故事来营造情境，可以用故事感染学生，可以用令人感动的故事震撼人的心灵。

故事不仅可以成为班会课的素材，也可以成为把各个环节串联起来的纽带。故事情节有连贯性，故事的发生、发展和结局有逻辑性，所以我们也可以将故事作为班会课的主线。

以故事作为班会课的主线，通常有两种情况。

第一种，把一个故事分解为若干部分，分别放在班会课的若干环节讨论，一步一步展开，最后得出结论。故事的发展也就是班会课的进展，故事的结局与班会课的讨论结果密切相关。

第二种，使用一组可以诠释主题的故事。这些故事有关联、有层次，同时梯度有差别，安排次序与班会课的进展匹配。

班会课选用的故事，既可以来自名人，也可以来自普通人。虽然故事中有人物，人物有故事，但故事线与人物线还是有差别的。前者以"事"，后者以"人"，作为连接班会课各环节的纽带，故事线中的人可以是假想的、不具名的，人物线中的事必须是真实的。

【案例 5-6】 主题班会课“理想”的故事线

在“理想”主题班会课的同课异构中，一位设计者选用了一位企业家的故事作为班会课的主线。这位企业家是学生比较熟悉的名人，他的故事也可以较好地诠释“理想”。班会课选择了有关他的四个故事，第一个是，两次高考落榜，第三次时考上了北京大学；第二个是，从北京大学退学后创业，创办了一家知名企业，股票在美国上市，创造了巨大财富；第三个是，事业发展受挫，损失巨大，不得不转战其他领域，引发大量争议；第四个是，即使事业大起大落，他依然对教育不灰心，还有追求。

这四个故事都有对理想的解读，但其作用与案例 5-5 中马龙的故事不一样。马龙故事的重点在解释人的理想会随着成长而变化，最终把个人理想与家国情怀融合。在马龙的故事中，“人”是重点。而企业家故事的重点在于解读理想对一个人生命的意义。即理想是一盏指路明灯，指引着人一路前行，走向未来。不管遭遇多少困难和失败，人都不会被打垮。所以，在这个案例中，“事”是重点，因为每个人都会有成功或失败的事。

（4）情感线

以与主题相关的情感为主线，从建立到发展，逐渐升华。好比一个人对另一个人或一件东西的感情，一开始是浅的，逐步加深、扩展，最后变得很深，甚至情感的性质也发生了变化。

关爱的次序是很多班会课设计的隐形主线，其理论依据是美国教育家内尔·诺丁斯（Nel Noddings）的关怀理论。迟希新教授在《有效主题班会十讲》一书中介绍道：“诺丁斯认为，一个关爱自己的人才会爱惜别人。要想培养有关爱能力和关爱情怀的人，其课程从物像的关系上，必须是从具体到抽象；从空间的特性上，应该是从近到远。”[①]（参见图 5-6）

---

① 迟希新. 有效主题班会十讲：设计理念与实施策略［M］. 上海：华东师范大学出版社，2022: 44.

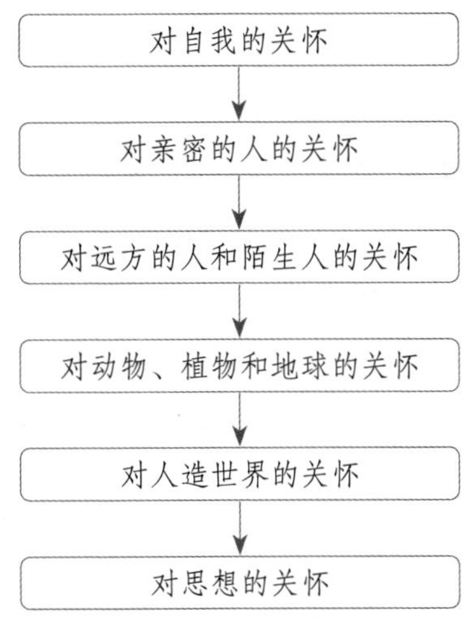

图 5-6　诺丁斯关爱课程体系的逻辑[①]

“从近到远，从具体到抽象”的环节安排是直列式的一种，是很多班会课设计的模板。千万注意，不能把这个次序颠倒了。而现实是，从“关怀宏大的思想”开始的主题班会课却非常多，这完全违反了诺丁斯的关怀理论。这样的班会课灌输痕迹明显，容易引发学生思想上的抵触（尽管在课堂上不一定表现出来），使班会课的教育效果大打折扣。

【案例 5-7】 主题班会课“守住‘粮’心，吃出美德”设计思路

受诺丁斯关怀理论的启发，《守住“粮”心，吃出美德》这节班会课主要讨论了以下问题。

1. 对自我的关爱：好好吃饭就是对自己负责，培养节俭的美德更是对自己负责。（认知目标、行动目标）

2. 对亲密的人（家长）的关爱：养成节俭的习惯，帮父母减轻负担；好好吃饭，让家人放心。（情感目标）

3. 对陌生人、远方的人的关爱：珍惜别人（食堂师傅以及其他与这顿

① 据内尔·诺丁斯《学会关心：教育的另一种模式（第 2 版）》（教育科学出版社 2014 年版）改编。

饭有关的人）的劳动成果，同情还在受饥荒折磨的人。（情感目标）

4. 对地球的关爱：感谢大自然的馈赠。我们只有一个地球，不浪费粮食，珍惜资源，就是保护地球。（价值观目标）

5. 对抽象的思想的关爱：节约粮食（资源）不是寒酸小气，是美德。理解并响应国家关于厉行节约的号召。（价值观目标）

这种设计完全符合从近到远、从具体到抽象的原则，层层深入，逐步升华，结论的得出水到渠成。

（5）思想线

对班会课主题的思考，是由浅入深，逐步发展的。一开始人们对事物有粗浅的认识，可以用这种认识解释一些现象，证实一些观点。但一些情况出现后，原有的想法却不能解释，这样便会出现认知冲突，引发深入思考，于是就会有新发现，得到一些新结论。一步一步进行下去，思考就会越来越深入。

这种思想认识、观点的发展过程也可以成为班会课的主线。将这根主线串联起来的，是一个个逐步深入的问题。班会课在不断追问、寻找答案的过程中推进。

思想线的实例请参见案例 5-1 中对规则的讨论设计。

无论使用哪种方法，好的班会课必须有一条主线，沿主线发展，而不是东一榔头西一棒槌。班会课思路清晰，班会课的目标也就容易达成。

2. 检验班会课各环节逻辑性的办法

可以使用以下三种办法检验班会课各环节的逻辑性。

①把班会课方案做成流程图或思维导图。如果能清晰地画出来，上一个环节能导出下一个环节，就说明设计是有逻辑的。如果我们根据班会课方案画不出思维导图，就说明设计是混乱的，需要重新理顺。

②设计者用设计方案模拟班会课进程，检验班会课的各个环节前后安排是否合理，衔接是否连贯流畅，难度是否循序渐进，结论的生成是否自然。

③将班会课的设计流程讲给同事听，听取他们的意见。如果他们能听明白，就说明这节课的设计思路是清晰的。

3. 各环节之间的过渡

班会课的各个环节之间要有关联，环节与环节之间的过渡需要精心设计。过渡要精炼，过渡句要起到穿针引线的作用。过渡要自然，三言两语，承上启下，一般是简单点评、小结前一个环节后，用设疑的方式引出下一个环节，以激发学生继续探究的兴趣。

例如，“大家的回答（表现）非常精彩。经过讨论，我们已经知道……那么……？下面……”

思考与实践

1. 如果由你来设计一节关于理想的主题班会课，你会选择什么人物或故事作为班会课的主线？

2. 请为“言谈之礼”主题班会课设计班会课题目、班会课的结构，并思考可以安排哪些环节，通过哪些活动达成教育目标。

3. 以“拒绝网络暴力”为主题设计一节班会课。

本章内容概要

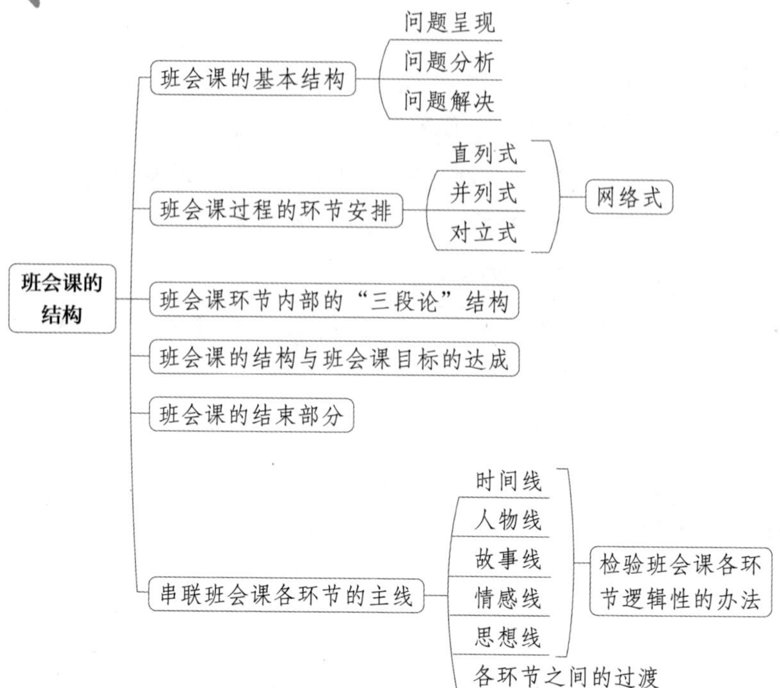
班会课的结构
班会课的基本结构
问题呈现
问题分析
问题解决
班会课过程的环节安排
直列式
并列式
对立式
网络式
班会课环节内部的“三段论”结构
班会课的结构与班会课目标的达成
班会课的结束部分
串联班会课各环节的主线
时间线
人物线
故事线
情感线
思想线
检验班会课各环节逻辑性的办法
各环节之间的过渡

第六章

班会课目标的确定

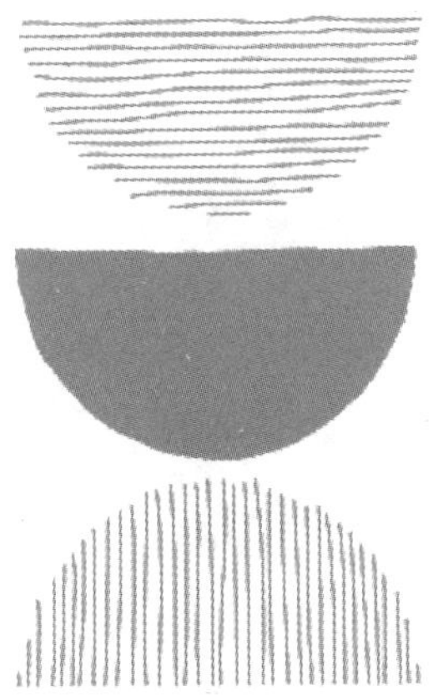

班会课设计是典型的“目标导向”——围绕怎么实现目标设计环节，组织活动。所以，设计班会课最重要的工作是确定班会课目标。确定班会课目标并不容易，既要有方法，也要做大量工作。

本章将详细讨论如何准确地确定班会课目标。有本章的内容做基础，后续的设计工作就会更顺利。

本章将讨论以下内容：

1. 班会课目标的特点。
2. 道德内涵与班会课目标。
3. 确定班会课目标的方法。
4. 问卷调查的作用与问卷设计要领。

一、班会课目标的特点

班会课目标应有以下特点。

1. 聚焦主题

班会课的主题是总目标，班会课目标是对总目标的分解。所以，班会课的目标不能散乱，每个目标都要聚焦主题。每个目标达成，班会课的总目标就实现了。

2. 相互关联

班会课的目标可分为“认知目标”“情感目标”“态度与价值观目标”和“行动目标”，每类目标都有各自的意义，不可或缺。目标与目标间是紧密相关的，一个目标的实现有利于另一个目标的实现。认知目标的实现让学生明白了为什么要这样做，没有相关知识，情感目标、态度与价值观不可能凭空建立；情感目标的实现让学生产生了主动做某事的意愿；态度与价值观目标的实现，让学生明白了“这样做是对的、值得的”。没有实现态度与价值观目标，学生就没有从内心认同班会课上讲的道理，所谓“行动”也只能是迎合教师的意图，喊喊口号而已。

班会课的目标是渐次实现的（参见图 6-1）。

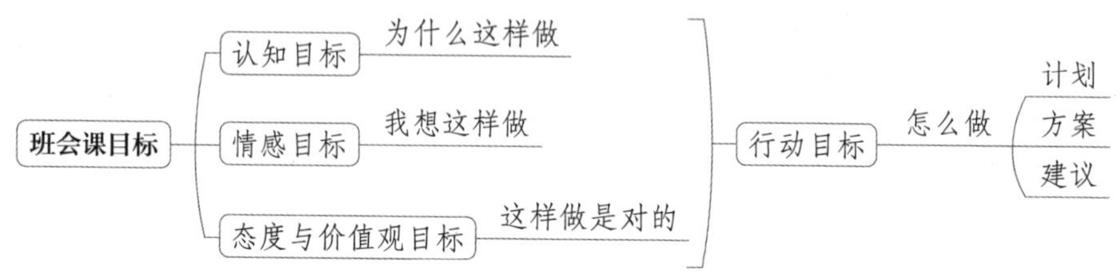

图 6-1　班会课目标的意义与关联

3. 明确、具体

班会课目标一定是明确的、具体的，否则我们就无法根据目标设计班会课的环节，也无法评价班会课的效果。所以，班会课目标的表述不能含糊，不能用套话、空话。

4. 可以实现

班会课目标要可以实现。目标要符合学生的年龄、心理特征和认知水平。目标要设置在学生认知水平的“最近发展区”。目标太低，学生不感兴趣；目标太高，学生即使努力也难以达到，也就失去了探究的动力。所以，制定目标前，我们要充分了解学情。

【案例 6-1】“男生女生向前冲”主题班会课目标分析

一位班主任要设计一节有关初中男女生交往的班会课。以下是他写的班会课背景和班会课目标。

1. 班会课背景

初中阶段正是男女生交往的敏感期。最近班上有部分男女学生出现课上写情书传纸条、课后交往过于亲密的现象。还有学生对恋爱问题充满好奇，沉迷于言情小说，对谈恋爱跃跃欲试。异性交往问题成为学生的一大困惑。为此特设计一节班会课，引导学生正确看待、处理男女生交往问题。

2. 班会课目标

认知目标：正确认识自己的身心变化，懂得如何与异性同学正常交往。

情感目标：知道对异性产生好感是一种正常的心理现象，树立健康的异性交往观念。

行动目标：男女学生正常交往，学会把握交往中的分寸感和距离感。

以下是我对这个方案的分析。

①班主任未将初中男女生的“早恋”倾向视为洪水猛兽，而是利用班会课公开讨论，用科学知识和社会伦理道德加以引导，让学生打破神秘感，了解常识，帮助学生正确看待并处理青春期男女生交往问题。无论是班会课题目还是班会课目标都比较合理，也比较符合学生的认知水平，学生可以接受，班会课可能会取得不错的教育效果。

②目标的归类有问题。“知道对异性产生好感是一种正常的心理现象”应当属于“认知目标”。

③没有表明实现这些目标的手段和动作是什么，目标撰写不完整。

二、道德内涵与班会课目标

班会课是重要的德育活动，所以，道德内涵与班会课目标有密切联系。

1. 道德情感与情感目标

道德情感是指人们依据一定的道德标准，对现实的道德关系与自己或他人的道德行为等所产生的爱慕、憎恶、信任、同情等比较持久而稳定的内心体验。道德情感包括移情、情感共鸣、内疚、羞愧等。人一旦对某种义务和行为形成道德情感，这种道德情感就会积极地影响他的道德选择。某种道德情感一旦扩展为社会性情感，就会不同程度地影响社会道德风尚。所以，培养道德情感是重要的德育内容，也是班会课最重要的任务之一。

道德情感与班会课的情感目标对应。情感目标是班会课目标中最重要的目标，因为情感目标一旦达成，学生就会产生一种情绪倾向。所以，达成情感目标是达成行动目标的基础。

2. 道德认知与认知目标

道德认知是指个体对社会行为准则和道德规范的认识。道德认知包括道德印象的获得、道德概念的形成和道德思维能力的发展等。虽然班会课教给学生的知识是多种多样的，但是班会课的认知目标主要还是道德认知。道德认知的作用在于，人们在按照一定的道德原则和规范行动时，不但知道应该怎样做，更懂得为什么这样做。这样就可以提高行动的自觉性、主动性。

人的道德认知是逐步发展的。让・皮亚杰提出童年期的道德认知发展分为三个阶段。

（1）前道德阶段（0—5 岁）

处在这个阶段的儿童只能直接接受行为的结果，不懂规则对社会行为的约束性。

（2）他律道德阶段（5—10 岁）

这时，道德判断的标准受儿童自身以外的价值标准支配。其特点包括：

①认为规则、规范是由权威人物制定的，不能改变，必须严格遵守。

②对评定好坏的行为，只根据后果，而不是根据行为者的动机。

③视惩罚为天意，认为惩罚是客观世界维持道德秩序的手段，赞同严

厉惩罚。

④单方面遵从权威，有一种遵从成人标准和服从成人规则的义务感。

（3）自律道德阶段（10岁以后）

自律是指儿童的道德判断受他自己的主观价值标准所支配，即将外在的道德标准内化于心。这个阶段的特点主要有：

①认识到规则具有相对性，是可以改变的。规则是人们根据相互间的协作而创造的，可以按多数人的意愿进行修改。

②对行为好坏的判断依据主要是主观动机或意图，而不只是后果。

③逐渐运用公正的标准——考虑人际关系互惠。既考虑自己的利益，也考虑他人的利益。这被认为是自律道德的核心。

④主张温和而恰当的惩罚，与特定行为相配合，要符合逻辑，对错误有补偿作用。

因此，要根据学生的道德认知发展水平制定目标。班会课要促进学生道德认知的发展，将目标定在学生的最近发展区。

3. 道德行为与行动目标

道德行为是在习得的道德准则指导下的行为。道德行为符合一定的道德原则和规范，是被人们肯定的行为。比如，诚实守信、助人为乐、见义勇为，等等。

道德行为是道德认知的外在表现，它可能是偶尔为之，也可以是经常性的。经常性道德行为就可能固化成道德行为习惯，形成一个人的道德品质。

显然，班会课的行动目标与道德行为是对应的。班会课就是要教育学生采取道德行为，帮助学生形成良好的道德品质。

三、确定班会课目标的方法

班会课目标就是班会课要解决的问题和预期要达到的教育效果。

班会课设计原则是“班主任主导，学生主体”，班会课目标的确定也要符合以上原则。

1. 在对主题进行思考、分析的基础上初定目标

班会课的主题就是总目标。班主任经过对主题的思考、分析，发掘其教育内涵，从而制定班会课的具体目标。这体现了“班主任主导”的原则，即“我想通过这节班会课带给学生怎样的教育”。

每个班会课的主题里都有教育点，但不同的设计者因为侧重点不同，选择也是不同的。所以，用一个主题做班会课“同课异构”，可以有很多种上法。从这个意义上讲，班会课的目标选择体现了班主任的教育价值观。

只有教育真正发生，才是班会课。班级保洁工作做得不好，如果仅仅是为了搞好卫生、制定若干管理措施而召开的班会课，就不是真正的班会课，而是开会；如果以卫生保洁问题为切入点，对学生进行责任意识、公德意识或劳动意识的教育，就是班会课。

班主任对班会主题的思考顺序最好是先自下而上，再自上而下，即“微观—宏观—微观”。比如，讨论课间哄闹现象（微观）的班会课，隐藏的教育可以是个人素质的提升或安全意识的培养（宏观），以哪个方向为主，由班主任自主确定，确定大的教育方向（如提高个人修养）后，再回到具体问题（微观；课间哄闹）的解决。这样一来，认知目标、情感目标、态度与价值观目标和行动目标就都有了。

【案例 6-2】 主题班会课“守住‘粮’心，吃出美德”目标的确定

拿到主题后，我们首先要思考：教育点在哪里？“节约”。培养学生节约习惯的班会课属于养成教育类班会课，养成教育类班会课的目标主要是进行美德教育和培养学生良好的行为习惯。

节约粮食是一种美德（节俭），但很多学生意识不到。因为当下社会物资丰富，生活水平显著提高，学生节俭意识比较薄弱，反倒会把节俭与寒酸、小气、抠门等联系起来。这里面就有道德认知的问题。事实上，节俭是公认的美德之一。在这方面的教育引导可以实现这节班会课的认知目标。

按“微观—宏观—微观”的顺序，班会课的切入点要小，且要能引发学生的注意和兴趣。班主任经过思考，决定以学生熟悉的食堂饭菜为切入点。学生餐的浪费现象较普遍，有了这个切入点，情感目标和行动目标就都有了着落。

行动目标最简单——想一些办法减少用餐浪费。但是减少用餐浪费的行动必须是学生自发的，不能强制，否则就没有必要开班会课了。如何让学生自觉减少浪费粮食的行为呢？认知目标的达成可以让学生知道“节约粮食是一种美德”，这是一种道德认知。只有认知还不够，因为它只解决了“为什么这样做”的问题。而情感目标才是关键的，因为情感目标解决的是“我想这样做”的问题。情感目标达成后，学生就会主动行动，实现“知行合一”。

节约粮食这个主题里有没有可以发掘的情感呢？

一般来说，班会课的情感可以从两个方向发掘：

①人与人的情感。

②人与物的情感。

与粮食相关的人有哪些？生产粮食的农民、运输粮食的物流人员、食堂师傅、为学生饭菜买单的家长等都是。人对物呢？物就是饭菜。如果能让学生对食堂的饭菜产生感情，那么至少学生在倒饭倒菜时就会有一丝愧疚，就不会那么无所谓，这样或许就会减少一些浪费。如此，班会课就要设计一些活动促使学生产生这些感情。

经过以上思考，初定几个班会课的目标：

①认知目标：知道节约粮食是一种美德。

②情感目标：通过课堂活动，学生能对食堂饭菜以及与制作饭菜相关的人产生感情，体会到“一粥一饭，当思来之不易”，建立不随意浪费饭菜的意识。

③行动目标：研究一些可行的减少饭菜浪费的措施。

2. 根据学情确定目标

确定班会课的目标时我们不仅要考虑自己想进行什么教育，更重要的是考虑学生可以学到什么。如果说前者体现了“班主任主导”，那么后者就体现了“学生主体”。

学生主体，是重要的教育意识。它要求班主任更多地从“教师立场”走向“学生立场”，在了解学生的想法、观点的基础上加以引导。没有“学生主体”意识的班主任在设计班会课时只会苦思冥想：“我该怎么教育他们呢？”而有“学生主体”意识的班主任则还会思考：“学生最需要的教育是什么？”要将这两条思路结合起来，才能做到知己知彼，让班会课的目标更加精准，从而最大限度地发挥班会课的教育功能。

班会课设计应坚持以下几条原则：学生知道的，教师不讲；学生不知道的，教师或专业人士讲解；学生认知有偏差的，教师予以矫正；学生需要提升的，教师引导。

后三种情况就是班会课通常的教育目标。那么，学生知道什么、不知道什么、哪些地方认知有偏差，班主任需要事先加以了解。

班主任没有设计思路时，应该走到学生中去。对学生进行调研，不仅可以帮助确定班会课目标，对班会课的设计全程都会有启发。

综上，确定班会课目标的程序如下。首先，班主任对班会课主题展开思考，找出教育点，选择教育点（知己）；然后，对学生进行调研，了解他们对这些教育点的认知、想法和做法（知彼）；最后，确定班会课的目标。(参见图 6-2)

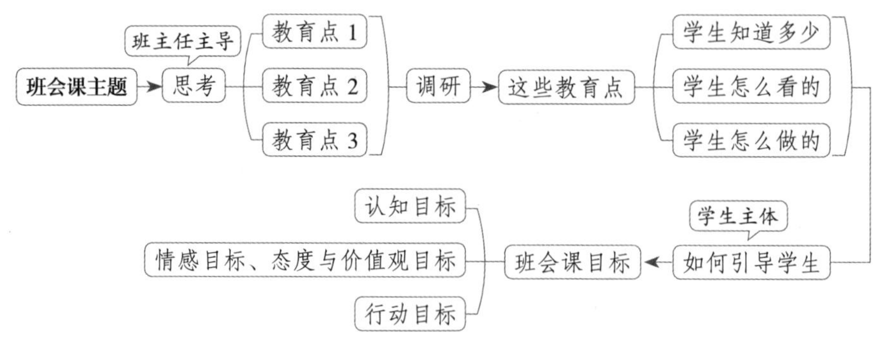

图 6-2　确定班会课目标的程序 1

3. 根据问题确定目标

如果班会课的主题是班主任自己定的，那么班主任无疑已经想好了要教育学生什么以及想要解决哪些问题。要解决的问题就是班会目标，所以可以按图 6-3 所示的简化程序确定班会课目标。

发现问题 → 研究问题 → 界定问题 → 选择需要解决的问题 → 确定目标

图 6-3　确定班会课目标的程序 2

下面着重阐述发现问题和研究问题。

（1）发现问题——观察法、问卷调查法和访谈法

发现问题是班会课的缘起。班主任正是因为发现了问题才会想到用班会课解决。

班主任发现问题通常有两种情况。第一种情况是班主任在平时的观察中或者在与学生（或家长）沟通的过程中发现了问题。比如，在案例 6-2 中，班主任观察后发现，学生浪费饭菜的情况比较普遍。把学生餐的浪费现象作为这节课的切入点就是源自这种观察。班主任在和学生交谈、开会、批改周记或者与家长沟通时，都能发现问题。

通过观察发现的问题，往往是初步的、表面上的，它对确定班会课的行动目标有帮助，因为要解决的问题就是班会课的行动目标。比如，班主任发现了学生浪费粮食的现象，就可以确定这节班会课的行动目标是减少浪费。但是，要融入教育，让节约粮食成为学生自发的行动，班主任还必须研究问题，找出学生浪费粮食的真正原因。也就是说，深入研究问题才能确定班会课的情感目标、态度与价值观目标。

第二种情况是刻意发现问题。因为班会课的目标必须具体、精准，班主任仅仅靠观察发现表面问题还不够，还要了解更多情况。如果说通过观察发现的问题引发了班主任开班会课的想法，那么，要设计班会课，班主任就需要刻意发现更多的问题，找到真正的问题。这样才能找到这节课最需要解决的某个问题，确定班会课目标。

刻意发现问题可以使用问卷调查法、访谈法等。

①问卷调查法。问卷调查法是常用、简单的调研方法。它的优点是能在短时间里获取大量信息；缺点是难以获得复杂信息和问题深层次的原因，保证信息的真实性也是个挑战。

问卷调查的对象既可以是学生，也可以是家长。问卷原来都是纸质的，现在用网络工具做调查问卷非常普遍，也更加方便。

【案例 6-3】 设计劳动教育班会课时，使用问卷调查法发现问题

一节关于劳动教育的班会课，对象是高一年级学生。

为了解学生平时参加劳动的情况，班主任设计了一份调查问卷：

①你每天都劳动吗？

②你每天大约劳动多长时间？

③列举几个你擅长的或会的劳动技能。

④你喜欢从事什么劳动？

在分析问卷时班主任发现，虽然大家都在谈劳动，但很多人并不清楚劳动的概念。比如，有学生说自己每天劳动十几个小时，因为他们把学习看作脑力劳动。于是，班主任决定从劳动的定义入手，增加“学习是不是劳动”的讨论。通过学习劳动的概念，结合讨论，让学生明确“劳动是人类创造物质或精神财富的活动，学习是输入，所以不是严格意义上的脑力劳动”。

问卷调查的结果可能会给班主任带来新想法，改变一节课原有的设计。

在案例 6-2 中，班主任通过观察发现了学生的浪费现象。浪费现象到底严重到什么程度？想得到相关数据，往往要采用问卷调查法。调查发现，有 80% 的学生不能把饭吃完！

通过问卷调查得到的数据还可用于评估班会课的效果。比如，如果班会课后倒饭倒菜的学生少于 80%，则可以说明班会课是有效果的。

接下来，要研究为什么会产生浪费现象。班主任先猜测是因为食堂的饭菜不好吃，因为也确实听到过学生抱怨，所以用问卷询问：“你认为食堂饭菜的味道如何？”结果显示：28% 的学生认为“好吃”，60% 的学生认为“一般”，12% 的学生认为“难吃”。由此可见，大多数人倒饭倒菜，并不是因为食堂的饭菜难吃。那是为什么？班主任既可以用问卷调查法也可以用访谈法继续调查了解。

②访谈法。这也是班会课设计与实施过程中的重要方法，可以与问卷调查法结合起来使用。

访谈的对象可以是学生，也可以是家长或其他人。访谈结果可以用录音、视频或文字等形式呈现。

相比问卷调查，访谈的优势在于问题可以灵活多变，可提供更丰富、更直观的信息。问卷调查侧重群体，访谈侧重个体，二者可以配合进行。

比如，就浪费饭菜的问题采访学生：“你为什么会把那么多饭菜倒掉？”学生给出的回答有“饭菜不合我的口味”“我不饿”“我要减肥”“随便吃两口”“回家再吃一顿”等。这说明学生对吃饭的态度很随意，不理解按时正常吃饭的重要性。班主任据此制定了班会课的另一个认知目标：理解科学膳食的重要性。

另外，访谈还有一个很重要的作用，就是采访学生或家长的视频或录音资料可以作为素材直接用在班会课上供学生讨论。在访谈视频中看见同学，既有趣又能吸引学生的注意力。

（2）研究问题——深度访谈法和命题小作文法

研究问题是设计者的关键工作。设计者要对搜集到的信息进行深入思考，探究产生问题的根本原因。这直接关系到班会课情感目标、态度与价值观目标的确定。相对认知目标和行动目标，班会课的情感目标、态度与价值观目标是比较难确定的，因为它们指向的是学生的内心世界，但情感、态度与价值观的教育又是班会课的核心。设计者要获得的与主题相关的更深入、更有价值的信息，主要是能反映学生思想、情感和认知的信息。这些信息是用问卷调查法难以搜集到的，但用深度访谈法和命题小作文法却可以搜集到。

深度访谈法是研究问题的常用方法。相比普通的采访式访谈，深度访谈更注重通过一对一、面对面的较长时间的交流，获得有深度的信息和事实的细节。在深度访谈中，提问者可以根据受访者的具体情况设置问题，可以根据受访者的回答和反应增加追问。这些都是问卷调查法不可能做到的。“打破砂锅问到底”是深度访谈法独特的优势。

命题小作文法也是研究问题的常用方法。与调查问卷中的大多数题目都是封闭式问题不同，命题小作文因为回答不受备选答案的限制，可以提供更翔实的信息，有利于设计者发现深层次的问题，同时也可以为班会课提供丰富的素材。

命题小作文法操作简单，作用却很大。设计者只需布置学生写一篇与班会课主题紧密相关的作文（字数一般不少于 500 字）即可。作文内容主要是对主题的理解、想法、观点，也可以是一段经历、一个故事或一个采访。

【案例 6-4】 问卷调查和命题小作文在“理想”主题班会课目标确定中发挥的作用

在设计一节关于理想的主题班会课时，班主任想了解学生是怎么理解“理想”这个概念的，以及学生的理想是什么，对理想的意义有什么看法，理想产生的原因，等等，以便准确制定班会课目标。班主任一开始采用了问卷调查法。

班主任设计的调查问卷如下：

①你有理想吗？

②你的理想是什么？

③你为什么会有这些理想？

④你认为一个人有理想很重要吗？

⑤你坚持理想的动力是什么？

A. 父母、老师对我的要求

B. 提高生活质量，将来过舒适的生活

C. 实现自己的人生价值

D. 让家人过上好日子

E. 报效祖国，做对社会有用的人

F. 其他______________________

⑥你觉得你能实现自己的理想吗？

⑦你觉得追求个人理想最需要的是________

A. 个人努力　　　　　　　　　　B. 家庭资源

C. 他人帮助　　　　　　　　　　D. 良好的社会环境

E. 其他______________________

班主任分析后发现，这份问卷虽然提供了一些有用信息，但距离精准地确定班会课目标仍有较大差距。这就反映出调查问卷的局限性——封闭式问题多，大多只能发现表面问题，几乎不能回答“为什么”。这次调研效果不理想，于是班主任决定再用命题小作文法做一次调查。

班主任给学生布置了两个任务。

任务一：请以“理想”为主题写一篇小作文（不少于500字）。

任务二：采访你的父母，询问他们：“你们的理想是什么？你们实现了自己的理想吗？”请他们讲述一个为实现理想而奋斗的故事。

任务一可以让班主任了解学生对理想更多的想法、看法，因为题目的限定少，学生更容易写出他最想写的话。任务一也能给这节班会课提供更多素材。

果然，学生的小作文让班主任获得了大量信息。班主任再结合问卷调查，终于搞清楚了学生在“理想”这个概念上存在的主要问题：

①很少思考关于理想的问题。

②对理想的认识是模糊的，比如把理想等同于升学、好的职业等功利目标。

③绝大多数学生对理想的认知停留在个人层面，少数人想到了家人，极少有人想到社会和国家。

④理想与现实是分割的，大多数人意识不到理想对现实生活的指引、激励作用。

⑤要么认为理想都能实现，没有想过为实现理想必须付出巨大努力；

要么认为理想实现不了就算了，就当理想是随便想想。总之，对理想的态度是比较随意的。

⑥没有思考过为什么绝大多数人不能实现理想。

根据这些情况，结合本节课的教育目的，班主任最后确定了班会课目标：

①澄清对理想的模糊认识（认知目标）。

②理解拥有理想对一个人现实生活的重要性（情感目标）。

③理解由个人理想升华到社会理想的必然性（价值观目标）。

④产生准备为实现理想付出持续努力乃至一定牺牲的意愿（态度与价值观目标）。

四、问卷调查的作用与问卷设计要领

本章已经多次提及问卷调查对确定班会课目标的重要意义。实际上，问卷调查在班会课设计、实施的全过程中都能发挥很大作用。鉴于此，下面阐述问卷调查的作用以及调查问卷的设计要领。

1. 问卷调查在班会课设计与实施中的重要作用

①辅助班会课设计。班会课要解决问题，班主任只有知道学生的问题在哪里，才能采取有效行动。问卷调查可以帮助班主任发现学生的问题，确定教育的重点。

另外，班主任在不知道如何下手设计班会课时，也能从问卷调查得到的信息中受到启发。

在一些老师执教的班会课中，很多都是一开始感觉没有思路，但是调研之后就知道该从哪些方面引导学生了。所以，借助问卷调查辅助班会课设计是一种常规的做法，也是一种非常有效的做法。

②让班会课更适合本班学生。学生的年龄、认知水平不一样，同样一个话题，在不同的学段讨论，情况就会有很大不同。通过分析调查问卷，班主任可以了解学生对话题的各种观点，持各种观点的比例是多少，等

等，从而知道从哪些方面来引导以及如何引导学生。需要说明的是，即使是对同一个学段的学生问同样的问题，不同地区、不同层次的学生，甚至是同一所学校的不同班级的学生，回答通常也是不同的。所以，只有在自己班级里亲自做了调查，才能了解本班的学情，进而制定出符合自己学生的教育目标。

【案例 6-5】“劳动教育”主题班会课的调查问卷

现在，从事体力劳动还有必要吗?

在案例 6-3 的劳动教育班会课设计中，班主任结合高中生的特点，决定将培养学生的劳动意识作为班会课重点。为了解本班学生对劳动的看法，班主任设计了以下问题（括号内是统计结果）:

①高中生的主要任务是学习，劳动不是我们的义务。

A. 完全正确　　B. 部分正确（A、B 合计占比 36.6%）

C. 不正确（占比 63.4%）

②高中生学业负担重，没有时间和精力劳动。

A. 完全正确　　B. 部分正确（A、B 合计占比 44.7%）

C. 不正确（占比 55.3%）

③现在社会分工很细，技术发达，我们不一定要亲自从事体力劳动。

A. 完全正确　　B. 部分正确（A、B 合计占比 44.7%）

C. 不正确（占比 55.3%）

④你认为“劳心者治人，劳力者治于人”这句话正确吗?

A. 完全正确　　B. 部分正确（A、B 合计占比 91.2%）

C. 不正确（占比 8.8%）

通过调查，班主任发现本班大部分学生还是有参加劳动的意愿的（参见问题①的结果），但有近半数学生认为没有时间劳动，有同样比例的学生认为不需要从事体力劳动，绝大部分人认为“劳心者治人，劳力者治于人”这句话完全正确或部分正确。教育部出台的关于劳动教育的文件特别强调学生应该多参加体力劳动，而当下的学生对体力劳动普遍存在鄙视和误解。于是，班主任决定将问题④作为主要讨论内容，将问题③作为次要讨论内容，并将较多时间用于研究解决问题②的对策。明确了课的重点，合理分配时间，班会课的环节设计也就水到渠成了。

这份问卷在不同班级可能会得到不同结果，在不同学段结果可能差别更大。只有经过调研后确定的班会课环节和讨论内容才更加符合本班的情况。

③调查结果可直接用作班会课的素材。课前进行问卷调查不仅可以帮助设计班会课，调查结果还可以直接作为班会课的素材使用。

在班会课上引用一些数据以提高说服力是班会课的常规做法之一。所以，班主任在备课时经常会在网络上或文献中查找数据。但这样做也有问题，一来需要的数据不一定能找到，二来即使找到了，也是“别人的”，我们不知道数据是如何统计出来的。其实，班主任身边就有合适的资源——自己的学生和他们的家长。在班级里做调查，尽管样本数量偏小，但对象都是与班会课密切相关的人，数据直接反映本班的真实情况，所以更精准。在本班（或再加入其他一些班级）获取的调查数据，可信度高，有说服力。

④让学生预先思考本节课的内容，提高学生的参与度和课堂效率。设计班会课仅靠班主任一个人思考是不够的，班会课的主人——学生，也要一起思考才行。班会课的课堂时间有限，如果学生对这节课讨论的主要问题毫无准备，思考肯定就是不够充分的。完成班会课问卷的过程，相当于预习。让学生事先对主题有所了解、有所思考，能提升课堂效率。

另外，对一些有争议或敏感的话题，学生在课堂上可能为了迎合老师的某种暗示，会给出老师“希望得到的回答”。在独立完成调查问卷时，学生有充足的思考时间；不记名的方式给他们带来安全感，使他们敢于说出自己的真实想法。班主任了解了学生的想法后，可以把不同的观点放到课堂上讨论，让学生各抒己见。班主任自己也能提前对如何引导这些想法做些准备。有观点交锋的讨论，往往是一节班会课上最精彩的部分。在讨论的基础上对学生加以正确引导，则会让班会课不停留在表面的热闹上，而使学生的思想认识有所提升。

⑤收集学生的观点和方法。问卷调查的另一个作用是集思广益，收集学生对某件事的做法或对某个问题的观点。这样可以大大丰富班会课的内容，提高课堂的精彩程度。能够在班会课现场回答问题或分享的学生毕竟是少数，课前的调查问卷可以充分发现学生的各种想法和做法。班主任可以从中选择在课堂上讨论的问题，汇总并呈现共性的问题。学生讨论自己感兴趣的问题时自然也会格外热情和投入。

【案例 6-6】 我为班级定公约

“我为班级定公约”是新班组建后不久召开的一节班会课。班主任的想法是，班级公约要大家共同制定，这样才会得到学生的认同。所以，班主任在课前布置了一项任务——每个学生根据自己的想法为班级起草一份班级公约。这样就能收集到所有人的想法，几十个人就会有几十份对班级公约的建议。这是一大笔宝贵的资源。

为了提高学生的重视程度和积极性，班主任承诺，未来的班级公约将从大家的意见中产生，每人的建议至少选用一条，多则不限。学生参与的积极性非常高。

考虑到学生以前没有做过这样的事，为了确保承诺能够兑现，同时也便于整理，班主任给出了班级公约的框架，分上课、课余活动、人际交往、集体事务、个人文明素养等几方面，这样学生就不至于无从下手了。

结果，收集到上百条建议。班主任花了不少时间整理、汇总，合并重复的，剔除不合适的，保留精华部分并标注提出者。在班会课上，大家对这些建议进行讨论、投票，最终形成了一份真正意义上的“公约”。

综上，课前进行问卷调查无论对班会课的设计还是实施，都有重要作用。在遇到以下情况时，班主任可以考虑使用调查问卷：

①需要了解学生对某个问题的观点或想法。

②需要把握学生的认知水平以调整班会课目标。

③需要确定班会课要解决的重点和难点问题。

④需要获得一些数据以加强说服力。

⑤需要征集学生对某个问题的行动建议或方案。

⑥想让学生对班会课做充分的思想、心理和资料上的准备。

2. 班会课调查问卷的设计要领

设计问卷有学问。问卷设计得巧妙，提供的有效信息就多，对班会课的设计和实施帮助就大。

设计问卷需要注意以下问题。

①知己知彼。问卷调查的作用之一就是了解学生的想法以便引导。所以，可以将一些观点编成题目，探测一下学生的看法。还可以摆出一些事实（这些事实就是班会课准备使用的素材），询问学生是怎么看待这些事情的。

【案例 6-7】 评选“星级班级”和我有什么关系?

学校开展创建“星级班级”的活动（本书第二章案例 2-2 提到过类似的情况），要求每个班级召开班会做动员。班主任自己的想法是正好可以借这个机会将班级管理的质量提升一下，而且不管最后能评上几星班级，这个创建的过程对每个学生都是有好处的。但是，班主任吃不准学生对这个活动是否感兴趣，于是设计了以下问卷。

学习学校关于“星级班级”的标准和评选要求，回答以下问题：

①你对创建“星级班级”活动________

A. 很感兴趣　　B. 有一点儿兴趣　　C. 没有兴趣

②说说你选择上一题答案的理由。________________________

③你认为创建“星级班级”对自己的影响是什么?

④你觉得你在创建“星级班级”的活动中________

A. 能做点儿贡献　　B. 不能做什么贡献

⑤你能做什么贡献?（上一题选 B 的同学可以不答）

任何一项自上而下推动的活动，都要得到学生的认同才能有效开展。

班主任要知道有多少人认同或不认同、各自的理由是什么，这样才能想办法影响那些不认同的学生。比如，在问卷中有学生提到搞这些活动会分散精力，耽误时间，影响学习；还有人说这是搞形式主义，没意思。

班会课要重点解决学生的这些困惑，让他们理解创建“星级班级”对每个人的益处。所以，重点是讨论如何把创建“星级班级”与自己的发展联系起来。

课前问卷调查显然可以帮助班主任做到知己知彼。

②方便作答。问卷的题目要有提示，引导学生作答。

【案例6-8】 你做家务吗

上劳动教育班会课之前，班主任想了解学生对做家务的看法。如果只是问：“你会做家务吗？”学生除了回答“会”或“不会”外，不能提供更多信息。可以把这个大问题改成几个具体的问题：

①你平时自己洗衣服吗？

②你会主动整理房间吗？

③你会操作家里的洗衣机吗？

④你会钉纽扣吗？

⑤星期天你一个人在家，如果饿了你会怎么做？

这样学生就好回答了，而且提供的信息也会更加丰富。

先设置一定的情境，再提出问题，这样学生就更容易理解问题。比如，班主任想了解学生对考试作弊现象的看法，直接问的话学生可能不知道该怎么回答。如果把这个问题放在情境中，就很好理解了。例如，“你的好朋友通过作弊取得了高分并获得了表彰，你会有什么感受？”“在考试中有人让你给他传答案，你会怎么做？”

③便于统计。调查问卷的结果要便于统计。调查问卷可以采用“选择题+简答题”的方式，而且可以以选择题为主，选择题又可多采用两选（是或不是）。这样能节省学生的作答时间。

同一个问题，可以采用“先选择再简答”或“先说是什么再答为什么”的方式。比如，班主任想了解学生手机的价格，若直接让学生填价格，就不方便统计。如果设置几个选项，例如，1000 元左右、1000 元—2000 元、2000 元—3000 元、3000 元以上，统计起来就方便多了。再比如，问学生手机的来源时，设置成选择题“A. 自己攒钱买的　B. 用压岁钱买的　C. 父母买的　D. 家人淘汰的二手手机　E. 其他来源________”，统计起来也很方便。

思考与实践

1. 设计一份关于学生睡眠情况的调查问卷，借此发现问题，并设计一节主题班会课。

2. 设计一份关于学生完成课外作业情况的问卷，再就这个问题对学生展开访谈，看看能否以这些材料为素材，设计一节关于如何高效完成作业的班会课。

3. 试着用本章学习到的方法，确定一节有关学生手机管理问题的班会课目标。

本章内容概要

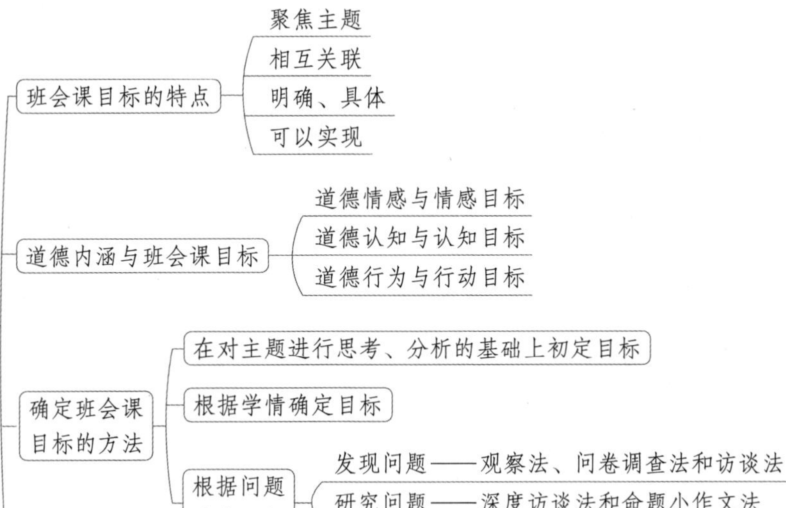
班会课目标的确定
班会课目标的特点
聚焦主题
相互关联
明确、具体
可以实现
道德内涵与班会课目标
道德情感与情感目标
道德认知与认知目标
道德行为与行动目标
确定班会课目标的方法
在对主题进行思考、分析的基础上初定目标
根据学情确定目标
根据问题确定目标
发现问题——观察法、问卷调查法和访谈法
研究问题——深度访谈法和命题小作文法
问卷调查的作用与问卷设计要领

第七章

班会课过程的设计

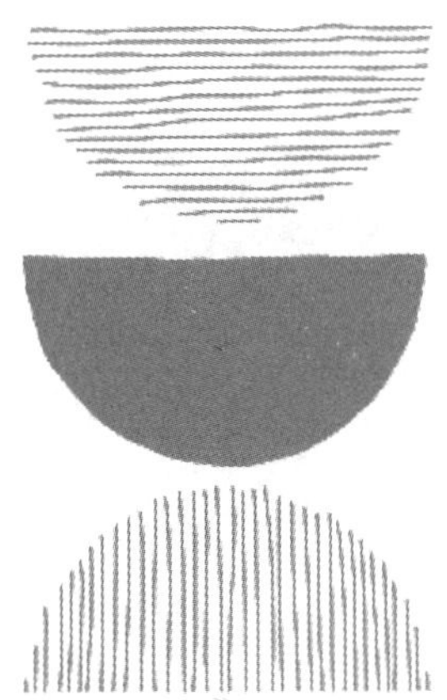

确定了班会课的目标，就可以围绕目标设计班会课的活动了。班会课的活动过程包括主题导入、问题呈现、问题分析、问题解决、班会课小结、布置班会课作业等。

本章将结合具体课例逐一介绍各个部分的设计要领。

本章将讨论以下内容：

1. 如何设计班会课的主题导入环节。
2. 如何设计班会课的问题呈现环节。
3. 班会课问题分析环节的设计原则和方法。
4. 如何设计班会课的问题解决环节。
5. 班会课结束部分的设计要领。

一、班会课“主题导入”部分的设计

班会课一般是从课前暖场、营造氛围开始的。播放音乐、滚动播放视频是常见的方法。在这样的氛围中，学生就座，准备上课。

正式上课后，首先要导入主题。导入主题不是呈现问题，而是让学生明白这节课要上什么内容、讨论什么话题。

1.“主题导入”的方式

班会课主题导入主要有两种方式。

①先用视频、图片、游戏以及主持人的话语创设情境，再出示班会课题目（使用课件或板书）。

②开门见山，直接出示班会课题目，再对题目予以解读。

2.“主题导入”要达到的效果

①清晰地展现并解读主题。

②调动学生参与的兴趣。

③激发学生思考。

3.“主题导入”的设计要领

①选择合适的素材和技术手段，在一开场就吸引学生的注意。创设情境、制造悬念几乎是班会课黄金开局的不二法门。

②主题导入的常用方式有做游戏、猜谜、讲故事、播放视频、做心理测试、演小品等。

③主持词不能平铺直叙，要设疑，制造悬念，引发兴趣。

【案例 7-1】 班会课“守住‘粮’心，吃出美德”的主题导入设计

主持人：“俗话说，民以食为天。今天，我们就来谈谈‘吃’！请大家告诉我：吃，能吃出什么？”

学生有各种回答，比如，吃出快乐，吃出健康，吃出病，吃出虫子……有的回答引起大家哄笑。

主持人：“大家的回答丰富多彩！我也来说一个。吃，能吃出美德！有人会觉得好笑，还能吃出美德来？是的，好好吃饭，就是一种美德！你一定很好奇，就这么简单吗？那么，我们今天就来说说这个话题。”

主持人打出本节班会课题目：守住“粮”心，吃出美德。

［点评］ 语言导入简简单单，提问吸引了学生的注意力，悬念引发了学生的兴趣。用时不多，就轻松引入本节课的话题。班会课的题目，本身也是一个很重要的导入素材。

二、班会课“问题呈现”部分的设计

问题呈现就是把本环节要讨论的问题展示出来。

1. 呈现问题的主要手段

呈现问题的主要手段可参见第四章表4-3，包括播放视频、展示图片、播报新闻（案例）、讲故事、表演小品（情景剧）、做心理测试、展示调查结果（数据）、语言表述等。要根据学生和主题的情况来确定可以采用哪种方式。班会课的问题呈现往往不止一次，所以，设计者也要考虑每次呈现的手段不能千篇一律，要有所变化，能激发学生的讨论热情。

2.“问题呈现”的设计要领

①切口要小。呈现的问题要小而具体，随着讨论的深入再逐步扩大。一开始就呈现一个很大的问题，学生只能说大话、空话。设计者要选择能够折射班会课大教育主题的小事作为切入点。

这些小事可以是班级里发生的事情或者近期社会热点问题。这需要班主任善于联想，“借题发挥”。比如，用一盒饭切入节俭教育，从一只钱包里装的东西的变化切入爱国主义教育，等等。

②学生熟悉。呈现的问题应是学生熟悉的。对熟悉的话题、身边的问题，学生有亲切感，容易接受，有话可说。

③清晰明确。问题要表达清晰，不能含含糊糊。只有明确的问题才能讨论得起来。

④创设情境。尽管主持人可以用语言直接呈现问题，但这种方式比较平淡，不易吸引学生。应创设一定的情境，采用生动、有趣的方式呈现。即一句话可以问出来的问题，也要通过一个表演、一段视频，在一定的音乐背景下呈现出来。当然，并不是所有班会课都要这样做，只是这样做更富有教育的意蕴，也更能“抓住”学生。

⑤引发认知冲突。如果班会课上讲的都是学生已经知道甚至重复了多少遍的大道理，学生就会觉得索然无味，失去参与的兴趣。只有当班会课呈现的问题与学生已有的认知不一致时，才会激发学生思考、讨论、探究。这就是所谓的“认知冲突”，即“我原来一直是这么认为的”，而“实际情况却是这样的”。班会课就是要制造认知冲突，改变原有的甚至是错误的认知，提升学生的思想境界。

所以，班会课的问题呈现总要给学生带来一些“不一样的感觉”。

【案例7-2】 主题班会课“守住‘粮’心，吃出美德”问题呈现的设计

接案例7-1，导入主题后，首先展示一张学生餐的照片。

（课件呈现：我们的故事，要从这一盒饭说起……）

（学生面露笑容，天天见这盒饭，再熟悉不过了。）

主持人：“大家知道我们每天吃的盒饭是怎么来的吗？”

学生：“食堂阿姨送过来的。”（学生大笑）

主持人：“让我们来看看这盒饭到底是怎么来到我们手上的。”

主持人播放前期制作的视频。为了准备这节班会课，班主任用了几天时间跟拍食堂师傅制作学生餐的过程。视频从凌晨五点配送食材的车开进校园开始，此时天还没亮，学生还在熟睡，员工已经开始工作：下货、称重、分拣、择菜、洗菜、切菜……天渐渐亮了，学生进入学校，食堂师傅继续忙碌，淘米煮饭、配菜炒菜，视频上的时钟嘀嗒嘀嗒地走。在温柔的背景音乐下，食堂的师傅们挥动沉重的大锅铲，一锅接一锅地炒，又一份一份地分装。一直忙到快中午下课，终于准备好了一千份盒饭和汤、酸奶，装箱后抬到每间教室门口。（拍摄这段视频时正值疫情期间，学生没有聚集到食堂吃饭，而是由食堂员工把饭菜送到各个班门口，学生吃完后再把饭盒运回食堂。）箱子很沉，师傅运起来很吃力。学生下课后，出门拿了盒饭回到教室里吃。

视频时长只有三分钟，时间跨度却有近七个小时，没有一句台词，只有画面、时钟的转动声和低沉的音乐。

学生默默看完视频，陷入沉思。

主持人提问：“制作这份盒饭，一共用了多长时间？想一下，食材进入校园之前要经过哪些程序？大家吃完饭后，食堂师傅还要做什么？要花多长时间？”

（接着课件上打出一行字：十五分钟后，这盒饭变成了这样……）

画面切换到学生用过的饭盒，里面有大量饭菜，不少盒饭几乎原封未动。食堂师傅清理饭盒时，一边倒掉饭菜，一边叹息、抱怨。

两段视频，形成巨大反差。至此，问题呈现部分结束。接下来是主持人对学生的采访。

设计意图：本节课的行动目标之一是减少用餐的浪费，但这一目标并不是依靠制定强硬的规定来实现的，而是通过让人与食物建立感情，体会到一粥一饭来之不易，进而自发地减少浪费。饭来张口，自然无法体会做饭的辛苦。得来太容易，自然不会珍惜。在学生无法去食堂亲自体验做饭的情况下，班主任用拍视频的方式再现食堂师傅以及所有为这一顿学生餐付出辛苦劳动的人的工作过程，让学生和一盒看似普通的盒饭建立感情，并且为自己随意丢弃饭菜的行为感到羞愧。

案例评析：本环节以学生熟悉的食堂饭菜作为切入点，切口小，学生熟悉；用图片呈现问题，简洁、直观；食堂师傅做饭的视频既引发了学生的认知冲突，也引发了学生复杂的感情，再加上食堂师傅整理饭盒的视频，两段视频的对比让学生产生了很大的感情上的冲突。从学生在班会课现场的反应和回答来看，这样的设计基本上达成了情感目标。

三、班会课“问题分析”部分的设计

“问题分析”是班会课的核心，也是“问题呈现”和“问题解决”之间的桥梁。“问题分析”能让学生理解班会课的教育内容，知道问题的来龙去脉、前因后果，明白班会课讲的道理，认同班会课输出的价值观，达成班会课的主要目标。所以，“问题分析”是班会课设计的最重要部分。

1.“问题分析”的基本设计原则

(1) 学生主体，班主任主导

班会课不宜直接灌输道理，所以在班会课上，分析问题的主体应该是学生，班主任起引导、点拨的作用。班主任不能越俎代庖，剥夺学生思考的机会。学生自己分析出来的问题、得到的感悟，才是真正属于他们自己的。班主任不应该把自己认为正确的道理和价值观强加给学生，而应该创造条件、做好铺垫、搭好“脚手架”，让学生自己体验、思考、感悟，得出结论。

心理学家卡尔·罗杰斯（Carl Rogers）提出的“以学生为中心”的观念对教育界的影响很大。他认为，教师的作用是促进每个学生找到自己的解决方案而不是直接给出答案。更何况教师的知识也是有限的，不可能什么都能指导学生，而且在班会课上，大量问题并没有标准答案。罗杰斯强调的要尊重、理解、信任学生，构建良好的师生关系，与学生在感情和思想上产生共鸣，营造良好的课堂气氛，调动学生的主观能动性、自主性和创造性等观点，对设计班会课有重要价值。

(2) 基于正确的价值观

正确的价值观是分析问题的前提。虽然这是常识，但实际情况经常不是这样。

相当多的班会课都存在价值观模糊甚至错误的问题。班会课本应引导学生形成正确的价值观，若出现这种问题是致命的。这意味着班会课设计得越精彩，就会在错误的道路上走得越远。

这是每个班会课设计者首先要注意的。出现这种问题的根本原因是设计者对班会课主题的理解有错误。一方面，有些班主任自己的教育观念就是有问题的；另一方面，班主任在自己成长中悟出的一些“道理”有些是不正确的或不具有普遍意义的。再就是有些班主任不注意读书学习，思想不更新，观念老旧，视野狭窄，与时代脱轨。

解决这个问题的办法是加强理论学习，多和同行交流。开阔视野，不要囿于自己狭小的圈子，不断更新自己的观念。

【案例 7-3】 两节励志教育班会课设计上的方向性问题

在某节班会公开课上，班主任向即将升入初三的学生展示了一组图片。第一张，老虎、羊、草；第二张，皇帝、县令、农民；第三张，高官、干部、农民工。然后提出问题：“我们今天为什么要努力学习？”学生回答后班主任解读：“努力学习是因为你要提升自己的社会阶层。现在的社会虽然发展很快，但是本质仍然是老虎吃羊，羊吃草。你现在不努力学习，就只能一辈子放羊或者给人打工。须知，吃得苦中苦，下一句是什么？”（学生答：“方为人上人。”）

在另一节高中励志班会课上，班主任向学生展示了研究生、名牌大学本科生、普通大学本科生、大专生、技校毕业生的收入对比（数据不知从何而来），并得出结论：努力学习，考上名牌大学，将来可以赚更多的钱。

两节班会课，对“为什么要努力学习”的解读分别是为了做“人上人”或“升官发财”。面对一些听课老师的质疑，授课者的解释是：“我教的是农村的孩子。农村的孩子不努力读书考出去，就要一辈子放羊。”学生努力学习当然有可能改变命运、提升社会阶层、提高生活水平，但读书的意义就是这些吗？在今天这个倡导民主、平等的多元化社会，教师还在用“丛林法则”“吃得苦中苦，方为人上人”的观念来教育学生，并真心地认为这是为学生好，难道不是很荒唐的事吗？

（3）有一定的理论依据

设计一节班会课就像写一篇教育文章，不能只凭经验和感觉，也不能只是堆砌素材，应有一定的理论依据。

班会课比较常用的理论包括德育原理、教育理论和方法论、学习理论、心理学原理等。比如，班会课在分析问题时，应特别注重学生价值观的引导。李秀萍在《不一样的班级管理：价值观教育的实用策略》一书中就列举了六种常用的价值观教育方法：角色扮演法、道德叙事法、价值澄清法、社会行动法、公正团体法、陶冶法。这些方法都很适合用在各类班会课的设计中。积极心理学中的很多原理也常常能用于指导班会课的设计。

【超链接】本书部分班会课课例（案例）运用的理论

班会课课例（案例）	所在章节	有关理论
合理归因，迈向成功	第三章【班会课课例 3-3】	自我效能感
天生我材必有用	第三章【班会课课例 3-4】	多元智能理论
面对心中的暴风雨	第三章【班会课课例 3-5】	情绪管理理论
守住“粮”心，吃出美德	第六章【案例 6-2】	内尔·诺丁斯关爱的次序
说说规则哪些事（上）	第十章【班会课课例 10-1】	公正团体法
说说规则那些事（下）	第五章【案例 5-1】	道德发展阶段理论
今天，我们怎么上课	第七章【班会课课例 7-1】	价值澄清理论　社会行动法
心怀理想，逐梦远方	第十章【班会课课例 10-4】	道德叙事法
做一天盲人	第九章【案例 9-2】	角色扮演法
关于父亲节的班会课	第九章【班会课课例 9-1】	共情理论

但是，理论素养往往是一线教师的短板。班主任对心理学、教育学、管理学有关原理往往不够熟悉。平时有意识地系统学习理论当然是最好的，但班会课类型众多、题材宽泛，相关理论浩如烟海，班主任根本学不完。任何人都不可能在掌握所有原理后才开始设计班会课。因此，可以采用“边学边用，现学现用，活学活用”的策略。

当班主任对某个题材不熟悉时，不要自以为是地凭感觉设计，可以先寻找有关资料，有针对性地学习。有了一定的理论基础，设计班会课时就会底气足，而且不会出现方向上的偏差。这样做还有一个好处就是，班主任可以借此快速提升自己的理论水平。

理论是用来指导实操的。所谓“活学活用”，就是指班主任首先要吃透原理，将原理运用于分析本节课的案例，解决本节课的问题。原理的运用是自然的，不能生硬地呈现在学生面前。学习理论是输入，输入后内化，再把学到的东西用在班会课上，这是输出。

【班会课课例 7-1】 今天，我们怎么上课

班会过程如下。

1. 班主任现场下发调查问卷，内容如下：

请勾选你认为上课时需要遵守的课堂规范。（多选）（　　）

①打预备铃后，做好课前准备，开始预习。（　　）

②迟到了要喊“报告”，得到老师同意后才能进入教室。（　　）

③老师讲解时认真听，不随便讲话，不插嘴。（　　）

④发言前先举手示意，得到老师同意后再发言。（　　）

⑤站起来回答老师的提问，除非老师不要求这样做。（　　）

⑥讨论问题时尽量小声，不喧哗。（　　）

⑦做课堂练习时不说话。（　　）

⑧做课堂测验时不偷看，不和同学对答案。（　　）

⑨不在上课时做与本节课无关的事。（　　）

⑩上课时不睡觉，若身体不舒服要向老师说明情况。（　　）

⑪上课中途不离开教室。若有特殊情况向老师报告，得到同意后才能离开。（　　）

⑫被老师批评时不顶撞老师，如果有意见下课后找老师或班主任沟通。（　　）

⑬身边有同学破坏课堂秩序时要提醒或制止。（　　）

⑭老师不在课堂的时候也要保持安静。（　　）

⑮你的补充：________________________________

（班会现场，学生用两三分钟完成问卷。绝大多数学生都勾选了十个以上，有的学生全选，还有学生做了补充。）

2. 班主任：“请再仔细看一遍问卷，在你打钩的选项以及你补充的内容中圈出你认为最重要的五个，按你认为的重要性用数字①—⑤排序。”

3. 小组讨论。

①和组员分享你的想法，说说你排序的理由。每个人都要发言。

听完别人的想法并讨论后，可以修改自己的意见。

②汇总本组课堂规范选项，合并重复的，重复次数最多的排第一，数量相同的并列。取前五项记录在卡纸上（因为有并列，所以实际选项可能超过五个）。

4. 各组长向全班展示本组的讨论结果。要求学生认真听，如果前一个小组的选项与自己组的一致，就不要重复，只说自己组不一样的选项。

组长展示后，班主任随机提问：

①你自己选择的规范中，哪些你能完全做到？哪些有时候做不到？为什么？

②如果你自己做不到怎么办？

③你希望得到什么帮助？

5. 班主任："如果有人上课时破坏课堂秩序，你会感到不舒服、不愉快的，请举手。"

（所有人都举起了手）

6. 班主任："如果有人破坏课堂规范，你会出面劝阻或制止吗？"

①始终会。

②有时会。

③不会。

（班会现场统计，全班 47 人，只有班长选择了①，选择②的有 6 人，选择③的有 40 人。）

7. 情景模拟。

语文课上，学生玩手机被老师（由学生扮演）发现了。"老师"要收走手机，学生不肯给，结果爆发了师生冲突。

班主任："出现这种情况，学生该如何处理？请现场模拟一下。"

重点请班长、纪律委员、科代表、该同学座位周边的同学、该同学的好友等发言。

班主任汇总学生的处理方法，把关键词写在黑板上。

8. 班会小结。

每个人今天都做出了自己的选择，那就要按照自己的选择努力去做，坚持做。班级也会根据大家的选择制定课堂规则，规则是帮助大家养成好习惯的。

9. 班会作业。

①整合各组的选择，出台本班正式的课堂规范。

②如果班级要对破坏课堂规范的行为予以惩戒，你有什么具体的建议？请写在周记本上。

以上课例虽然看起来平淡无奇，但却有两大理论支撑——“价值澄清理论”和“社会行动法”。

价值澄清理论由美国教育学家路易斯·拉思斯（Louis Raths）等人创立。该理论认为，教师不能把预先确定的“正确”价值观直接教给学生，只能通过评价分析和批判性思考等方法，帮助学生形成适合本人的价值观体系。该理论主张通过“澄清”（通过对多种价值观和行为方式的选择来形成自己的价值观）的方法形成价值观，反对“说服”“灌输”。

同诺丁斯的关怀理论一样，价值澄清理论也是班会课设计的重要理论依据之一。

【拓展学习】 价值澄清理论实操要点

价值澄清理，必须经过“三阶段，七步骤”才能形成个人价值观。

（1）选择

①自由选择。只有自由的选择才能让人们根据自己的价值观行事，被迫选择无法使这种价值观整合到自己的价值体系中。

②在多种可能中选择。这样有利于学生对选择进行分析思考。

③对结果深思熟虑后做出选择。对各种情况反复思考、权衡利弊

后做出选择，这种选择考验着一个人的意志、情感和社会责任感。

本节班会课的第一步就是提供了十几种关于课堂规范的选项，让学生自由选择，同时学生还可以提出自己的建议。第二步，要求学生从初步选择的十几项中再次选出五项，这对学生就是一种考验。

（2）珍视

④喜欢自己的选择，对自己的选择感到满意和自豪，因为这表现了自己的能力和想法。有句广告词就是这样说的："我选择，我喜欢！"

⑤既然为自己的选择感到自豪，那就很乐意和别人分享自己的选择。因为只有自己喜欢的才愿意和别人分享。

据此，班会课设计了第三步——小组讨论，让组员和其他同学分享自己的想法，互相交流。

（3）行动

⑥依据自己做出的选择行动。价值观对人的行为有导向作用。既然选择了，那就要付诸行动。

⑦反复地行动，成为一种生活模式。只有反复地把价值观付诸行动，才能成为一种行为模式或生活方式。

班主任在班会小结中就表达了对学生的这种希望。当然，在选择、反复行动，养成好习惯的过程中，旧习惯的力量很大，肯定会有各种困难。所以，班级会采取措施帮助大家将自己的选择坚持下去。

班会课课例 7-1 中的第 5、6、7 个环节是根据"社会行动法"原理设计的。社会行动法重视培养学生参与社会行动的能力。社会行动法的代表人物弗雷德·纽曼（Fred Newman）认为，人们要改变社会道德现状，除了要有改变的意愿，还必须具备相应的能力。而当前学生普遍存在道德认知水平比较高，道德推动意识以及能力较低的问题。[①] 比如，在第 5 个环

① 关于"社会行动法"原理的解读可参见李秀萍著《不一样的班级管理：价值观教育的实用策略》（华东师范大学出版社 2014 年版）的第七章《社会行动法》。

节中，所有人都表示反感有人破坏课堂秩序，但在第 6 个环节中，全班高达 85% 的人表示不会劝阻或制止破坏课堂秩序的行为。这是典型的知行不一。因此特别设计了环节 7，模拟课堂秩序被破坏的情境，通过实操演练培养学生对班级不良现象采取积极行动的意识和能力。

2. 分析问题的常用方法

分析问题要有方法。班主任要么通过这些方法把道理说清楚，让学生理解，要么教给学生一些方法，让他们能够自己分析问题，得出结论。班主任需要考虑的，一是针对本班学生的认知水平，采用什么方法分析问题最合适；二是这些方法以什么方式演绎能达到最佳效果。

（1）用理论分析问题

运用理论把问题分析清楚，解答学生的疑惑，这种方法比较理性，逻辑性强，适合高年级学生。小学的班会课也不是不能用，但选择的理论一定要适合小学生的认知水平和思维方式。如果班会课一点儿理论依据都没有，那就会成为单纯讲大道理，这样的班会课“含金量”就不高。但即便是对大一些的学生，班会课也不宜讲深奥的理论。班会课分析问题时用到的理论大多都是比较浅显的学习理论、心理学理论、道德原理等。

理论分析常用的就是讲解法。班会课强调生成，但不是说教师不能讲。教师对班会课涉及的重要概念和知识点的讲解是很重要的。讲解是达成认知目标常用的，也是比较简单的做法。

讲解不是灌输。灌输是把知识、观念直接灌输给学生，不考虑学生能不能理解接受或能接受多少。讲解，可以从“讲”和“解”两个方面分别来解读。

“讲”要讲得生动形象，通俗易懂。

“解”要把理论解释到位，让学生能够理解。

讲解一般要与学生现场的反馈和互动连接，这样可加强讲解的效果，教师也可以借此评估目标达成的情况。

【案例 7-4】 **我们为什么控制不住地玩手机**

在一节关于手机使用的班会课上，班主任设计了一个环节，叫“时间去哪儿了”。这个环节提出了三个问题：

①拿起手机，我本来想做什么？打算用几分钟？

②结果我做了什么？用了多长时间？

③每次这样用过手机后，感觉怎么样？

设计的情节是一个学生拿出手机，想查资料，结果手机不断地推送这个学生喜欢的内容。不知不觉一个多小时过去了，学生还在看手机，直到被家长发现制止后才发现还有很多作业没写完，而时间却已经是快夜里十二点了。学生懊悔不已。表演完成后，很多学生都表示自己也是这样的。玩手机的时候不顾一切，过后又很后悔，浪费了太多时间，耽误了很多正事。

然后，班主任用心理学原理解释了这种情况。对学生来说，出现这种情况很正常，成年人也会这样。心理学的研究早已证明，虽然每个人只有一个大脑，但内心却住着两个自我。一个自我任意妄为，任性冲动，想做自己马上就能感受到快乐的事。我们不妨叫它“魔鬼”。另一个自我让我们克服冲动、深谋远虑，知道自己真正想要做的是什么。我们不妨叫它“天使”。我们做任何事都是这两种力量博弈的结果。

班主任用浅显的心理学原理来解读，学生都能听懂。班主任没有像写论文那样引经据典，也没有直接读理论，而是用“魔鬼”“天使”两个角色来表示人的心理，形象生动。

这番分析让学生明白了自己为什么会控制不住地玩手机，也为下一个环节“研究如何提高自制力”打下了基础。

（2）用案例分析问题

分析具体的案例，启发学生从中发现规律或蕴含的道理，也是常用的方法。案例（故事）分析更加直观，尤其适合低年级的学生。

①班会课的案例来源。

第一种，来自班会生活中的真实案例，或者就是这节课要解决的问题。分析这个案例，既能让学生明白道理，又能让问题的解决方案浮出水面，可谓一举两得。

第二种，学生亲历或知道的案例。这种案例可以在课前调查中发现。

第三种，新闻报道、社会热点事件中的案例。这类案例容易引发学生的兴趣。作为第三方，学生讨论时会更自由、更积极。

第四种，古今中外伟人或名人的案例（故事）。

无论选择什么案例，都要有典型性、代表性、启发性，要与班会主题密切相关。

②案例在班会课中的价值。

第一，让学生从中得到启发，解决他们自己当下的问题。

第二，帮助学生举一反三，理解其他类似的案例。

第三，用于证明某些观点或方法。

第四，让班会课的内容更加充实，不会流于空洞说教。

第五，让学生有可以讨论、研究的具体材料。

所以，不管哪种类型的班会课，都少不了案例。

③引导学生分析案例的步骤。

第一步，认真观看或倾听案例，了解案例详情。这一步需要创设情境，运用一些能够吸引学生注意或兴趣的方式呈现案例。

第二步，通过提问等方式让学生提取案例的关键点，如人物、时间、地点、做法、结果。把关键词写在黑板上或打在大屏幕上。

第三步，启发学生深入思考案例发生的原因，运用的方法、原理，蕴含的道理等。这是案例分析最重要的部分，教师一定要注意提示、引导，以一个个小问题作为“脚手架”，帮助学生逐步接近事物的本质。

第四步，让学生谈谈感想和收获。

【案例 7-5】 手机管理班会课的案例分析——士兵的毒瘾为什么会消失

在手机管理班会课上，针对有学生玩手机成瘾的问题，班主任用了一个案例。

越南战争时期，很多美国士兵在越南吸毒成瘾，严重影响了战斗力。

一般都认为毒瘾很难戒掉。所以，人们很担心这些美国士兵回国后，社会上又会增加很多瘾君子。但很奇怪，这些染上毒瘾的士兵回国后并没有接受特殊的戒毒治疗，绝大部分人却都不再吸毒了。

这是为什么呢？

班主任引导学生分析这个案例。在排除了各种可能后，学生提出的观点居然和专家研究的结果非常接近，那就是环境改变（从异国战场到回国后的和平环境），人的习惯也可能随之改变。由此得出结论，要想戒掉玩手机的瘾，最重要的就是改变环境。至于如何改变环境，大家就要各自想出办法。

这个案例的分析结果直接触发了对自我管理手机策略的讨论（班会课的行动目标）。

(3）用数据分析问题

数据是很有说服力的，所以，我们常说："数据会说话。"有时候不需要说太多道理，数据就很能说明问题。如果说前面介绍的理论分析和案例分析属于"定性分析"，那么使用数据就是"定量分析"了。班主任要善于使用数据分析这一招。

用直观的柱状图、饼状图等将数据呈现出来，再配上文字解读，效果较好。

【案例 7-6】 班会课利用数据分析、说明问题实例

1. 主题班会课"守住'粮'心，吃出美德"问题分析环节中有一个细节。主持人问："你们知道在衣食住行当中，'吃'这一项的开销占一个家庭总收入的比例是多少吗？"大部分学生都不知道。其实，在课前的调查中班主任就已经知道超过 80% 的学生不清楚这个比例。于是，主持人出示了一张柱状图（见图 7-1）。

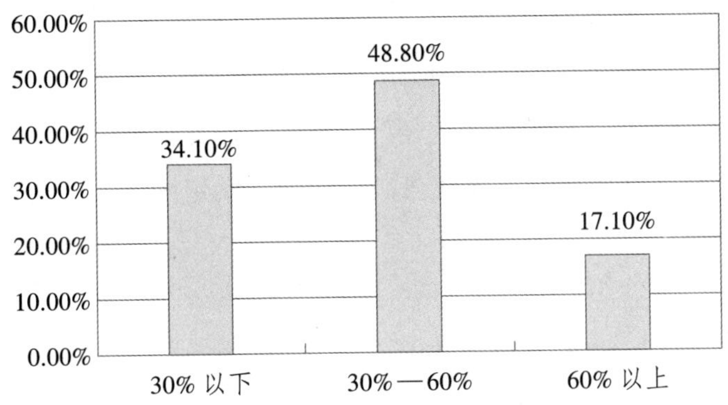

图 7-1 吃饭的开销占家庭总收入的比例

这是班会课前对本班家长调查后得到的数据，班主任引导学生分析：

①近一半的家庭“吃”这一项的开销占到全家总收入的 30%—60%。

②班里还有约 17% 的家庭不是很富裕，因为在这些家庭里，吃饭的花费（维持温饱）占到全家总收入的 60% 以上。

学生看到这组数据后，自然更容易认同节俭、不要浪费粮食等观念。

2. 在手机管理班会课上，班主任出示了一张学生在家期间使用手机的时间统计图（见图 7-2），并配上数据说明，学生对手机的依赖程度一目了然。由此得出“我们必须将使用手机的时间控制在一个合理的范围内”的结论。

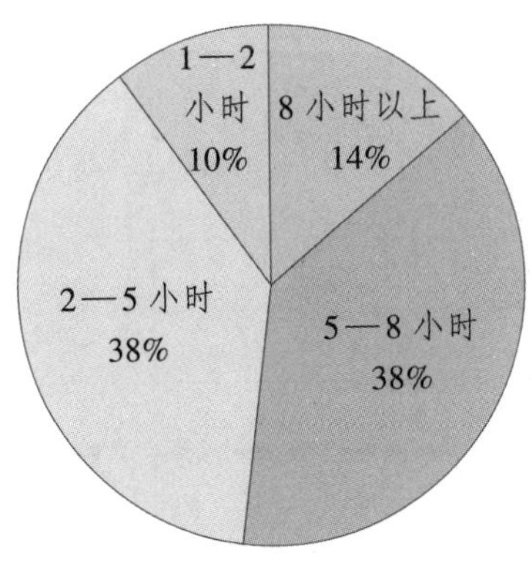

图 7-2 学生在家期间使用手机的时间统计图

（4）用测试结果分析问题

在班会课上做一些测试（比如心理测试）、调查或游戏，用测试的结果分析问题，会令学生“恍然大悟”，产生“原来如此！”“怪不得是这样啊！”的感觉，从而明白自己或班级的问题。学生测试后往往会迫不及待地想知道答案。

【案例 7-7】 你有考试焦虑吗

在一次有关考试情绪调节的班会课上，班主任让学生现场做了一个测试（见表 7-1）。A 表示“从未有”，B 表示“偶尔有”，C 表示“经常有”，D 表示“总是有”。

表 7-1 考试焦虑自我评估量表①

题目	A	B	C	D
1. 我在考试中充满信心并感觉轻松。				
2. 我在考试中感到焦虑不安。				
3. 在考试中联想功课成绩影响我答卷。				
4. 我一参加重大考试就感到浑身发僵。				
5. 我在考试中想着自己能否毕业。				
6. 我越努力答卷，就越觉得头脑混乱。				
7. 在考试中担心成绩不好影响我集中精力答卷。				
8. 我一参加重大考试就坐立不安。				
9. 尽管做了充足的准备，我仍对考试感到很紧张。				
10. 我在取回试卷之前感到很紧张。				
11. 我在考试中感到非常紧张。				
12. 我希望考试不要这么烦人。				
13. 我一参加重大考试就紧张得肚子疼。				
14. 我一参加重大考试就感到自己要失败。				

① 引自微信公众号“浙外心晴”2023 年 6 月 6 日文章《心理科普：考试焦虑》。

续表

题目	A	B	C	D
15. 我在参加重大考试时感到很恐慌。				
16. 我在参加重大考试前感到很忧虑。				
17. 我在考试中担心考得不好会有什么结果。				
18. 我在参加重大考试时感到心跳加速。				
19. 考试之后，我竭力控制自己不去担心，但做不到。				
20. 我在考试中紧张得连本来知道的东西都忘了。				

计分方式：选 A 得 1 分，选 B 得 2 分，选 C 得 3 分，选 D 得 4 分，将 20 个选项得分相加就是测试总分。

分数解释：得分低于 35 分表示考试焦虑程度偏低；得分在 35 分与 50 分之间代表考试焦虑程度正常；得分在 50 分与 65 分之间代表考试焦虑程度偏高；得分高于 65 分代表考试焦虑程度严重。

注：本测验的结果仅供参考，不作为诊断依据。

【方法指南】买一些心理测试书

市面上有不少介绍心理测试和心理游戏的书籍，在相关网站搜索关键词“心理测试”就可以得到大量图书信息。班主任可以买一些当作设计班会课的参考工具书。

（5）用查找到的资料分析问题

班会课上，还可以利用查找到的资料分析问题、佐证观点。这些资料包括前面提到的理论、实例、数据以及权威观点等。

（6）用逻辑推理分析问题

推理是分析问题有力的方法之一。推理主要包括演绎推理、归纳推理和类比推理。

班会课分析问题，如果缺少了严谨的推理论证过程，一些结论的得出就会显得生硬突兀，不利于发展学生的思维能力。

不同年龄的儿童推理能力的发展是不一样的。所以班会课上在运用推理方法分析问题时，必须考虑授课对象的年龄段，选择合适的方法。比如，小学低年级的班会课，需要使用学生可以直接感知的事实进行简单的演绎推理，小学高年级的学生通常就可以用演绎推理解决一些抽象问题了，而中学生几乎可以运用所有推理方法分析问题而且正确率较高。

在各种推理方法中，类比推理和归纳推理相对简单，各个年级段的学生都能用。其中类比推理论证在本节“用案例分析问题”中已经有过介绍。

【拓展学习】 归纳推理方法——穆勒五法

“穆勒五法”是约翰·穆勒（John Mill）关于确定现象因果联系的五种归纳推理方法。它通俗易懂、简单易学，可以帮助初中及以上的学生分析问题，明辨真伪，以培养逻辑思维能力。班会课上，可以用“穆勒五法”对案例、现象进行分析，探寻问题的本源。

①求同法

考察某一现象出现的几个不同场合，如果各个不同场合除一个条件相同外，其他条件都不同，那么，这个相同条件就是造成这个现象的原因。

例如，学生A、B、C、D都取得了优异的考试成绩，他们的性别、智商、所在班级、休息娱乐方式等都不相同，只有一个因素是一样的，他们听课都非常专注，笔记记得很好。由此可以得出结论：听课专注、认真做笔记是他们取得优异成绩的原因。

②求异法

比较某现象出现的场合和不出现的场合，如果这两个场合除一点不同外，其他情况都相同，那么这个不同点就是造成这个现象的原因。

例如，小张和小王都在同一个班上课，而且是同桌，他们的学习基础、智力水平、家庭条件、学科特长、兴趣爱好都差不多，但小张的成绩一直稳步提升，而小王的成绩不仅徘徊不前，还有下降趋势。

小张只在星期天用一个小时的手机，而小王每天都玩手机两个小时以上。所以，手机使用时间长短是造成他们成绩差异的原因。

③求同求异并用法

如果某被考察现象出现的各个场合只有一个共同因素，而这个被考察现象不出现的各个场合都没有这个共同因素，那么，这个共同的因素就是被考察现象产生的原因。该方法的步骤是两次求同、一次求异。

例如，A、B、C、D 四个不同层次、不同选科、不同老师教的班级英语成绩都出现了不同程度的提升。这四个班级都组建了英语学习小组，而E、F、G、H 四个没有成立英语学习小组的班级英语成绩却没有出现明显的提升。所以，成立英语学习小组是提升英语成绩的原因。

④共变法

在其他条件不变的情况下，如果某一现象发生变化时另一现象也随之发生相应变化，那么，前一现象就是后一现象产生的原因。这种例子很多，比如，班级课堂秩序不好，班主任只是调整了座位，没有采取其他措施，课堂秩序就明显改观。这说明调整座位对班级课堂秩序是有影响的。当然，共变的现象不一定是因果关系，也可能是相关关系。这一点在使用共变法的时候需要注意。

⑤剩余法

如果某一复合现象是由某复合原因引起的，把其中已确认有因果联系的部分减去，那么，剩余部分也必有因果联系。

例如，对某同学取得优异成绩的原因进行分析后发现他学习有以下特点：上课认真听讲；下课经常问老师问题；有错题本；每天都做一套限时练习。

大家认为，前两点使这位学生学懂了每个知识点，会做题；第三点提高了做题的正确率。而考试时间是有限制的，仅仅会做、做对还不够，还要在规定时间里把题目做对。那么，多做限时练习就是在考试中得高分的另一个原因了。

【案例 7-8】 班会课“守住‘粮’心，吃出美德”问题分析部分的几项设计

本节班会课最终确定的目标有：

认知目标：了解科学膳食的重要性，知道节约粮食是一种美德。

情感目标：培养自律、感恩、关爱等美好情感。

态度与价值观目标：认同节俭是一种美德，在生活中培养节俭的习惯。

行动目标：制定减少食堂用餐浪费现象的措施；提出消除“剩宴”的倡议。

为达成目标，班主任在问题分析环节设计了以下活动。

（1）知识目标（科学膳食的重要性）

①配合图片讲故事，对比哥伦布和郑和航海时船员的遭遇（因为饮食长期缺少维生素，哥伦布的很多船员得了维生素 C 缺乏症，导致大量减员）。

②请生物老师配合“食物金字塔”图讲解食堂饭菜营养的全面、均衡性。

③解读诸如汉堡、炸鸡、可乐等为什么被称为“垃圾食品”。让学生理解为什么长期食用这些食品健康会出问题。

（2）情感目标

①播放反映食堂准备学生餐的全程视频剪辑（参见案例 7-2）。视频播放完，请学生简单表达一下感受。

（学生回答“食堂师傅很辛苦”“很感动”“第一次知道做一顿饭那么不容易”“一粥一饭，当思来之不易”等。从学生现场的反馈可以看出这一环节基本达到了目标。）

②播放学生倒掉大量饭菜的照片和视频。

请学生用一个词或一句话推测一下食堂员工此时的感受。

（学生回答“生气”“难过”“愤怒”“沮丧”“没有成就感”等）

两段视频的对比对学生的内心产生了强烈冲击。

③主持人询问学生：“自己做过饭吗？”很多学生回答“做过”。主持人继续问学生做的饭菜味道如何，不少学生回答“还可以”。主持人问：“如果你家人把你辛辛苦苦做了几个小时的饭菜随便吃几口就倒了，你会有一种什么样的感觉？”这个设计成功地产生了移情效果。

（2）态度与价值观目标

①展示"'吃'占一个家庭全部开销的比例"的结果（平均值约是50%），请学生谈谈感想。

（学生回答"生活没有我们想象的那么容易"）

②综合课外调查、上述两段视频和介绍食物金字塔之后直接询问学生：

第一个问题："请用一个词表达我们到底倒掉了什么？"

（学生回答"营养""健康""资源"等）

第二个问题："如果我好好吃一顿饭，会让其他人得到什么？"

（学生回答"食堂师傅和老师会很开心""父母会很安心"等）

第三个问题："请用一个词告诉大家一顿饭能吃出什么美德？"

（学生回答"节约""珍惜""感恩""责任"等。主持人追问为什么。当主持人问"为什么会吃出'责任'"时，学生回答"我如果好好吃饭，首先是对自己健康负责，然后是对父母、对家庭负责，当然也就是对社会负责"。这个回答是这节班会课最精彩的回答之一。）

③展示全球正在被饥荒折磨的人的图片，说明世界上还有大量的人在忍饥挨饿。请学生谈谈感受。

④展示"剩宴"图片，请学生分析造成这一现象的本质原因是什么。

四、班会课"问题解决"部分的设计

班会课一定要有"问题解决"部分，也就是说一定要有结果，否则就会成为空谈。班会课大部分情感目标、态度与价值观目标和行动目标是在问题解决板块达成的。

在一节班会课中，问题分析环节是最重要的。只要问题分析进行得好，问题解决就会水到渠成。

班会课的问题解决可以分为显性的（或者说理性的）和隐性的（或者说感性的）两种。显性的结果是外在的、看得见的，比如一份计划、一份方案；隐性的结果是内在的，比如学生内心的触动、美好情感的唤醒和正确观念的形成等。

无论是显性的还是隐性的问题解决，都有一定的输出方式。(参见表 7-2)

表 7-2　班会课问题解决以及结果输出的方式

	显性的问题解决	隐性的问题解决
解决方式（通过）	①小组研究、讨论 ②个人观察、思考 ③模仿、练习 ④动手做	①小组研究、讨论 ②个人观察、思考 ③模仿、练习 ④动手做
结果（达到）	①形成方案 ②确定目标 ③制订计划 ④拟定规则 ⑤提出建议 ⑥发出倡议	①学会知识、技能、方法 ②获得感悟 ③认同观念 ④产生动机 ⑤产生情感 ⑥树立价值观
输出形式	①发言、回答问题 ②写在卡纸上或板书 ③操作、演示 ④画出思维导图 ⑤表决（举手或投票） ⑥签名	①说出、表态 ②表情、神态 ③表演 ④写出（便利贴、信等） ⑤做动作（如拥抱）

【案例 7-9】 班会课“守住‘粮’心，吃出美德”问题解决部分的几项设计

1. 案例 7-8 已经实现了一些目标，但还存在一些问题。比如，虽然学生已经知道饭菜来之不易，浪费食物是不好的行为，学生对浪费饭菜的行为已经产生愧疚之心，但仍然会有大量学生倒掉饭菜。原因何在?

主持人播放了一段采访学生的视频，这个视频汇总了学生倒掉饭菜的各种原因。

班主任设计了小组讨论，请学生针对倒饭菜的各种理由想对策，拿出一份可实现的“光盘”行动计划。

先分析原因，再有针对性地讨论解决方案，能避免无效讨论。

2. 针对“剩宴”现象，请学生思考后回答：如何尽自己的努力阻止或减少这一行为？

3. 介绍国家关于厉行节约的政策与号召。请学生思考后回答以下问题。

①为什么国家非常重视节约问题？

②如果我们的生活水平继续提高，还要不要再讲节约？

对问题②，学生给出了肯定的回答。有人提出要爱惜地球的资源，因为我们只有一个地球；有人提出我们不能只顾眼前，要为子孙后代着想；还有人提出不管在什么时代，浪费资源、不珍惜别人的劳动都是可耻的；等等。

五、班会课结束部分的设计

班会课结束部分主要有以下内容。

1. 班会课小结

班会课小结部分可以包含以下内容：

①简单回顾本节课的主要内容和结果，再次强调重点问题。

②用关键词、关键句等概括本节课的核心观点。

③在此前内容的基础上适当延伸、升华。如果是系列班会课，则要提出新问题，为下一节课做铺垫。

④询问学生是否理解、认同本节课的观点，询问学生还有什么问题需要解答。如果可能，就当场解答；如果时间不允许，则课后讨论。

班会课小结不是简单复述本节课的内容，而是再加工和升华。

2. 班会课的结束活动

班会课小结完成后即可布置作业，结束本课。为了让班会课有个精彩的结尾，有时也可以安排活动。这个活动试图赋予班会课一种气势，让它在高潮中结束，或者作为对一种境界的升华。例如，宣誓，齐读，唱歌，喊口号，打出横幅并在上面集体签名，贴便利贴表达心愿或祝愿，等等。

这些活动不是每节班会课的必备环节。

如果没有必要而硬加上去，会给人一种走形式的感觉。但如果班会课的气氛已经被烘托，学生的情绪已经被调动，作为一种情感升华的方式和产生一种仪式感的需要，也未尝不可。关键是这个活动要自然，与前面的内容能无缝衔接。

班会课的结尾也不一定非要“气势磅礴”。不同主题的班会课应该有不同的结尾。除以上方式外，还可以尝试以下做法：

①在对问题的继续思考中结束。

②在对优美的音乐、歌曲、视频的欣赏中结束。

③在主持人充满感情的配乐朗诵中结束。

④以播放紧扣主题的伟人、名人的讲话结束。

⑤以参与本节课嘉宾的寄语、鼓励结束。

⑥用事先录制好的家长等人的视频，朗读信件、寄语或网络连线嘉宾来结束。

3. 班会课作业

主题班会课结束后一般需要布置课外作业。作业是对班会课上所学内容的巩固和实践。所以，作业要认真设计，要与本节课的内容密切相关。作业要具体，有可操作性，学生能够完成。

【案例 7-10】 班会课“守住‘粮’心，吃出美德”结束部分的设计

本节班会课是在主持人的配乐朗诵中结束的，朗诵内容是设计者原创的。

班会课小结后，主持人对学生说：“今天我们的班会课即将结束。最后我给大家念几句话，请同学们在心里和我一起默念。请记住，以后每次吃饭前都要念一遍，你的胃口就会特别好，而且还不会把饭菜倒掉。”（学生笑）

音乐响起，主持人缓慢而低沉地朗诵起来：

“作为一名厨师，我最大的喜悦是让大家吃完我做的饭菜。

“作为一名食客，我在餐前向饭菜的制作者表达我的谢意，向大自然表达我的敬意。

“我知道，我将以此获得成长的能量，保持健康，增长智力。

“即使有些食物我并不喜欢，但我知道，它们富含营养，我仍然感恩大自然的馈赠，和——很多人的劳动。”

【案例 7-11】“劳动教育”班会课作业①

参加一项劳动，体会劳动过程，反思通过劳动后生活各方面发生的变化，填入以下表格中。

填表人：　　　　　　　　　　　　填表日期：

劳动内容：	
共同参与者：	
肢体运动、感知能力变化	
知识变化	
思维能力变化	
人际关系变化	

思考与实践

1. 思考如何用一个小切口引出以下班会课的教育主题：①爱国主义教育；②感恩教育；③责任教育。

2. 综合运用本章所学的内容，以“秩序之美”为题设计一节主题班会课。

① 本作业设计取材自徐国庆《劳动教育》（高等教育出版社 2020 年版）。

- 班会过程的设计
  - 班会课“主题导入”部分的设计
    - “主题导入”的方式
    - “主题导入”要达到的效果
    - “主题导入”的设计要领
  - 班会课“问题呈现”部分的设计
    - 呈现问题主要手段
    - “问题呈现”的设计要领
      - 切口要小
      - 学生熟悉
      - 清晰明确
      - 创设情境
      - 引发认知冲突
  - 班会课“问题分析”部分的设计
    - “问题分析”的基本设计原则
      - 学生主体，班主任主导
      - 基于正确的价值观
      - 有一定的理论依据
    - 分析问题的常用方法
      - 用理论分析问题
      - 用案例分析问题
      - 用数据分析问题
      - 用测试结果分析问题
      - 用查找到的资料分析问题
      - 用逻辑推理分析问题
  - 班会课“问题解决”部分的设计
  - 班会课结束部分的设计
    - 班会课小结
    - 班会课的结束活动
    - 班会课作业

第八章

班会课的引导方法

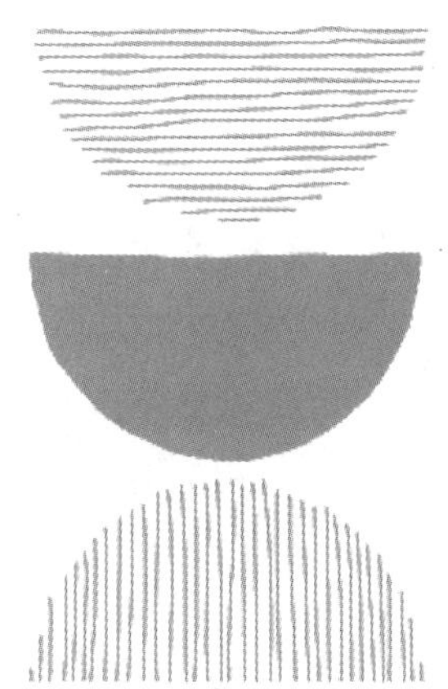

班会课反对灌输，强调在主持人的引导下，学生自主探究，自我实践，自我感悟。

班会课的活动分为全班性活动、分组活动和个体活动三类。这些活动要在恰当的引导下有序展开方能实现教育目标。

本章将讨论以下内容：

1. 班会课主持人的安排方法。
2. 班会课全班性活动的引导方法。
3. 班会课分组活动的引导方法。
4. 班会课个体活动的引导方法。

一、班会课主持人的安排方法

班会课的活动是在主持人的组织、引导下进行的。主持人的素质、能力，特别是表达能力、组织能力、临场应变能力、气质风度，以及对班会课内容的理解、对流程的熟悉程度等，对班会课的课堂效果有重要影响。

班会课能否取得好效果与三个因素有关：设计方案、主持人、参与的学生。其中，主持人的作用至关重要。再好的设计方案，也需要主持人的执行和演绎。参与学生的情绪、积极性和现场气氛需要主持人调动。

班会课主持人一般有三种安排方法：①设计者（班主任）本人；②学生；③设计者 + 学生。

以上三种安排中，通常由设计者（班主任）本人担任主持人最合适。班主任对班会课的主题、教育内容和原理、班会课流程以及设计意图是最清楚的，且班主任具有较丰富的教学经验和较强的课堂驾驭能力，因此班主任做主持人可以较好地把握和及时调整班会课进程。

班主任带助手（学生主持人）也是不错的，这样可以提高学生的参与度，体现师生合作。让学生参与主持不应该是形式主义。班主任要告诉学生主持人，不仅要熟悉班会课的流程和串词，还要预习班会课的内容，理解班会课方案的设计思路，这样才能在主持中有自己的发挥，不完全依赖班主任。

班会课并不适合完全由学生主持。尽管可能有表达能力较好、主持经验较丰富的学生，但他们不是班会课的设计者，不可能完全理解班会课的设计原理，往往只能念串词、走流程。所以，大多数学生主持人只是在“代替班主任说话”，很难有自己的发挥。

如果真的需要让学生独立担任主持人，则班主任必须做好培训工作，让学生深入了解这节班会课的内容，理解每一个环节的设计意图，让学生参与主持方案的制定。这样学生才能真正知道怎么主持这节班会课。

二、全班性活动的组织与引导

全班性活动是指班会课上，在主持人的组织下，所有学生共同参与的活动。在一节班会课中，全班性活动往往占据大部分时间。与学科教学课不同，班会课的教学任务大多数是“软”的，气氛也比较宽松、热闹，如果不组织好，就可能出现秩序混乱、学生注意力不集中的情况，导致课堂效率低下。

1. 全班性活动的引导建议

①在活动开始前，主持人要清晰地阐述活动目标、规则和要求，并要求学生予以反馈，确保学生对活动有充分的了解。要先用课件或板书展示活动程序、游戏规则等，之后再详细解读。班会课最好有学案，让学生清楚每一步要做什么、怎么做。

②用口令、手势、音乐、电子倒计时牌等控制班会课的进程。

③给每个活动环节设置合理的时间，避免活动过于拖沓。

④鼓励学生参与，营造轻松、愉快的氛围。对表现积极的学生，给予表扬和鼓励。在学生做出精彩发言或圆满完成任务后，应组织其他同学为他鼓掌。

⑤在活动过程中，注意观察学生的表现，适时给予指导和支持。对需要帮助的学生，耐心解答其疑问。

【方法指南】 班会课课堂时间的控制

上过班会课的老师都会有一种感觉，就是时间不够用。而且常常因为时间紧张，为了完成教学任务，一个环节接一个环节匆匆而过，虎头蛇尾甚至没有上完就到了下课的时间。

出现这一问题的根本原因还是设计的问题。设计班会课，一定不能贪大求全，面面俱到。一节班会课只能讨论一个“点”，而不是一个“面”。把一个问题谈清楚说透就很好了。所以班会课的容量不能太大，环节不能太多，节奏不能太快，要给学生充分的思考、讨论和展示的时间。

设计班会课时，不仅要考虑每个环节需要多少时间，还要考虑环节之间的过渡、情境转换、情绪调整所需要的时间。比如，从一个热闹的讨论或辩论场景到学生冷静下来开始下一个环节所花费的时间是不能忽略的。再比如，小组活动的时间不仅包括组内讨论，还要计算各组展示的时间，而展示的时间就有不确定性。因此，班会课各环节的时间预估要留有余地。

班会课的时间有刚性、弹性之分，可以准确控制的时间就是刚性的。比如，播放视频的时长是固定的。再如，小组讨论则可以有一个时间范围，请学生回答提问的人数也是可以控制的，这些时间就是弹性的，可以用来控制班会课的进程。

2. 全班性活动的引导方法

全班性活动有很多形式，包括游戏、现场调查、观看视频或表演、访谈、听主持人讲解、朗读、表决等。常见的活动是“提问—回答”，这是一种可以将整个班会课内容串联起来的方法。提问就是引导，精心设计的提问能够让班会课流畅地推进。班主任通过提问还能发现学生思想、认知上的问题和疑惑，以便及时解答。

（1）提问的方式

根据班会课的时间和容量，可以采用以下几种“提问—回答”方式。

①一问一答，答完小结。这种方式比较容易控制时间，在班会课节奏较快时使用。缺点是学生的参与度较低，还是以教师讲解为主。

②追问。一个学生主答多个问题，其他同学补充。这种方式可以保持思维的连贯性和班会课进程的流畅性，效率较高。缺点是盯着一个人问，其他同学容易懈怠。所以主持人要注意在提问前强调，回答问题的只是一个代表，所有人都要思考老师的问题，并且可以用一些方式表达出来。也可以把问一个人的问题再抛给全班，征求答案。

③一问多答。这种方式的优点是学生的参与度高，注意力集中，能集思广益，互相启发，生成精彩的回答。缺点是时间耗费较多，可能会影响班会课的进程。为提高回答问题的效率，主持人要事先要求，每个人都要注意听别人的回答，不能重复前面人的话，若没有新的内容则无须回答。当没人要补充内容时，主持人小结。

（2）问题的设计

班会课上提出的问题分为两种：封闭式问题和开放式问题。

封闭式问题就是根据问题，提出两个或多个互斥的固定答案要求学生回答。是非判断题和选择题都属于封闭式问题。

封闭式问题的优点是答案标准化，容易回答，节约时间；缺点是乏味，答题者容易随便选择答案，也无法获得固定答案以外的信息。

班会课上用封闭式问题提问，主持人容易准备答案，容易把班会课带入设计者预设的轨道。

开放式问题就是不预设答案的问题。比如，“现在有很多小学生也谈起了恋爱，你怎么看？”开放式问题回答的自由度大，答题者可以提供丰富的信息，其中可能就有精彩的回答。在班会课上能引起掌声和笑声的基本上都是对开放式问题的回答。但因为答案不确定，开放式问题对主持人的知识储备、临场应变能力要求较高。另外，开放式问题虽然有趣，但学生回答时也容易跑题，主持人不容易掌握时间。

班会课一定要设置开放式问题，因为它能反映学生的真实想法，生成很多内容，决定着班会课的精彩程度。

如何应对开放式问题答案的不确定性呢？设计者要对问题多思考、多研究，对可能的回答要尽可能有所准备，自己对开放式问题也要有明确的回答，以不变应万变。设计者可以在自己最有把握或最值得讨论的点上设置开放式问题。

一节班会课上封闭式问题和开放式问题通常都要有，二者要组合起来使用。

（3）用问题串引导

问题串指的是基于一定的情境，围绕目标，按照一定结构、次序精心设计的一组问题。通过一个个问题指向知识、方法、思想等发生、发展的过程，引导学生开动脑筋思考，自己得出结论。

问题串能很好地启迪学生的思维，课堂互动效果也较好，是“问题分析”板块常用的做法之一。

设计问题串的要领是紧扣主题，层层深入。每个问题之间都有逻辑关系，前一个问题的回答能引出下一个问题。

【案例 8-1】 班会课“朋友”

说明：这是一节完全不用学生准备，全部用问题串引导，让学生当堂回答的班会课。班会课的目标是解答中学生在交往中的困惑。现在学生的学业负担很重，一般很难有时间准备一节班会课。班主任必须思考如何以简洁的方式开展班会课。本节课就是一次尝试，效果还是不错的。

一、班会课目标

1. 通过反复运用“提问—思考—回答—点评”和表演等方式，让学生理解人际沟通的原则和方法。

2. 让学生学会与各种同学相处的一般方法。

二、授课对象：初一学生

三、班会课准备

学生准备：无（临时借班上课）。

教师准备：准备好问题串，制作课件。

四、班会课过程

暖场：滚动播放反映班级生活及学生间友谊的图片，配背景音乐《朋友》。

主持人："以下问题是问每个人的。你可以在心里回答，也可以说出来，还可以举手示意参与回答。请注意倾听，认真思考，积极回答。如果别人的回答与你的想法一致，请用点头、手势或其他方式表达出来。如果你有不同的回答，也请你用摇头、皱眉、小声反对等方式表达，让老师注意到你。"

［以下是本节课上教师问的问题。因为问题没有标准答案，而且每次学生的回答都不一样，所以，只列出问题，不记录学生的答题情况。需要关注这些问题是按什么逻辑设计的，学生是如何通过回答这些问题，一步一步自己得出结论和方法的。］

1. 我们为什么需要朋友？

2. 三年前，你最好的朋友是谁？

学生：某某某。

主持人：那么，接下来每个关于朋友的问题，你都要想着他的样子回答。准备好了吗？

学生：（思考片刻）准备好了。

主持人：请继续回答。

3. 现在他和你还在一个班吗？

4. 现在你们的关系和以前一样好吗？

5. 现在你有没有最好的朋友？

说明：针对学生可能的回答（是或不是），对以上问题均设计了两套提问方案，即无论学生答"是"还是"不是"，提问都不会中断。

6. 请和大家分享一个朋友感动你的片段。

7. 你愿意与他一直保持友谊吗？毕竟，人生得一知己足矣。

8. 那么，你想如何与他保持友谊？

9. 结合以往的经历，设想一下，你和你的朋友可能会因为什么闹矛盾呢？

10. 如果有矛盾，你如何解决呢？可以针对以下三种情况回答：

①你的错；②他的错；③你们都有错。

（根据学生的回答提炼出关键词：沟通）

11. 如何与朋友沟通？请分享你的方式。

12. 课堂活动：

场景：你和同桌扮演一对好朋友，现在你们闹矛盾了。

①商量一下分工，一个人给对方写一则道歉短信，读给他听或给他看。

②收到道歉短信的同学请回复这条道歉短信，读给对方听或给对方看。

主持人：觉得这个回合很满意的同学请举手。

（在举手的学生中选两人现场表演）

主持人：觉得这个回合不太满意的同学请举手。

（在举手的学生中选两人现场表演）

13. 根据刚才的表演，你们可以小结一下与朋友沟通的注意事项吗？

（提取学生回答的关键词并板书）

14. 下面我们换个话题。过去或者现在，你有讨厌的同学吗？

15. 你为什么讨厌他？

16. 他是不是也不喜欢你呢？

17. 请你推测一下可能是什么引起了他的反感？

18. 你讨厌的人有没有好朋友？

19. 请你想一想，为什么你讨厌的人也有好朋友呢？他们喜欢他什么呢？

20. 你会不会因为讨厌他而变得更快乐？

21. 他身上有没有优点或值得你学习的地方？

22. 请你告诉我：如何与你不喜欢的人相处？

主持人：这节班会课上，同学们一直在思考、回答问题，一定累了吧？下面让我们放松一下。请欣赏配乐诗朗诵《偶然》。

（课件呈现徐志摩的诗《偶然》）

主持人：朗诵听完了。请大家思考一下：这首诗想表达什么？你是如何理解这首诗的？

[班会课小结]

主持人：生活中充满了偶然。来到这个班，是偶然。在这个班，我遇见了你，是必然。

即使做不了朋友，我们至少是——同学！

（音乐起，班会课结束）

班会课作业：设想一下，五年后的今天，你会在哪里？请选择现在班里的一位同学，给他写一封信，谈谈你的情况，说说心里话。请你展开想象。不少于500字。

这节班会课以问题串为主要展开方式，配以情景模拟，无须刻意准备。问题本身是递进关系，所以整节课逻辑严谨，一气呵成。学生一直在跟着主持人的问题思考，参与度很高。最重要的是，所有结论、方法都是学生自己总结的，主持人仅仅是用问题把学生心中的答案引出来。

(4) 用反例引导

在很多情况下，教师在班会课上提问时，学生会揣摩教师的意图，给出的不是自己的想法，而是教师希望得到的答案。学生迎合教师，教师很满意学生的“配合”，班会课进展顺利，效果似乎很好。但学生的真实思想没有暴露，真正的问题没有得到解决。

主持人不能陶醉于“表面繁荣”的假象，必须引导学生独立思考，说真话，解决真问题，这样的班会课才是有实效的。主持人可以用“反例引导法”激发学生思考，提高学生的参与积极性和思辨能力。

所谓“反例引导法”，就是主持人不满足于学生迎合性的回答，面向全班学生征集不同的回答或反例，以引发讨论或辩论，从而让学生对问题有更全面、更清醒的认识。如果学生没有举出反例，主持人就要自己提出逆向的问题或反例让学生思考。主持人要利用“鲶鱼效应”将课堂激活，让学生真正开动脑筋，这样的班会课对学生才有启迪作用。

【案例 8-2】 没有红绿灯的路口

在一节讨论规则的班会课上，主持人让学生列举各种各样的规则及其好处。有学生提出了交通规则——“红灯停，绿灯行”。主持人顺势提出一个问题：“那如果路口没有红绿灯会怎样？”

学生：“那肯定是交通一片混乱，交通事故频发。”

主持人：“真的是这样吗？那我给大家举个例子。在一些国家，有的十字路口根本没有红绿灯，也没有警察在那里指挥交通。但是很奇怪，这些路口不仅没有拥堵，反而通行效率很高，也几乎没有出过交通事故。大家知道这是为什么吗？”

学生无从回答。于是主持人解释：“原来，人们开车到路口时，先停下来观察，如果没有其他车，就直接通过；如果有车，先到的车先过，后到的就等一等。大家像是约定好一样，即使没有交通违章摄像头，也没有人抢道。因为没有红绿灯，大家不用在没有车的时候无谓等候，通行效率反而高了。请问，这些路口到底有没有交通规则？请大家讨论一下。”

学生开始讨论。有人发言，其实这些路口还是有规则的，只是没有红绿灯而已。

主持人：“那么这个规则是什么？”

学生：“先来后到。”

主持人：“交通法规里写了‘先来后到’吗？”

学生：“没有吧？”

主持人：“是的，虽然交通法规里可能没有写，但‘先来后到’也是一种规则。规则分为两种。一种叫‘明规则’。‘红灯停，绿灯行’，就是明规则。明规则通过警察、摄像头等保证执行。还有一种叫‘潜规则’。就像‘先来后到’一样，潜规则是指没有明文规定的，约定俗成，被广泛认同的一种规则。路口没有摄像头，也没有警察，如果不先来后到，会不会被扣分罚款？”

学生：“不会。”

主持人：“那为什么他们都能自觉遵守呢？大家试想一下，我们城市里如果没有红绿灯、没有摄像头，我们会不会也自觉地先来后到不抢行呢？”

经过讨论，大家都觉得我们的素质还达不到那个程度，所以现在还做不到。

主持人：（小结）“有人认为，能遵守规则就已经很好了。其实，只是遵守明规则不是最高境界。开车人因为害怕被扣分罚款才不闯红灯，和为了大家的安全方便而自觉做到先来后到、礼让行人，两者是有很大区别的。正如有的同学老师在的时候还能遵守纪律，一旦老师不在就随意讲话，影响其他人学习。这是我们要提升的地方。我们要遵守规则，更要有规则意识，我们需要培养的是‘没有旁人在场的个人诚实’。因此，请大家记住极能体现一个人教养的四句话：根植于内心的修养，为他人着想的善良，无须提醒的自觉，以约束为前提的自由。”

这个环节的设计意图就是通过一个反例引发学生思考：只是遵守明规则是不够的，培养规则意识才是更重要的。

总之，班会课必须用各种手段保持课堂对学生的吸引力，把学生的心留在课堂上，让他们始终围绕主题思考。在诸多引导方法中，启发式教学法是运用最多的。不断提问、设置悬念、制造冲突、不断抛出话题引发讨论，都是比较好的方法。应改变老师讲、学生听，老师讲、学生附和的局面，多采用学生讲、大家听、大家评，老师提示、学生做，老师问、学生答、老师再总结等方式。

三、分组活动的组织与引导

分组活动几乎是每节班会课必备的。分组活动不仅能完成多项任务，还可以极大地提高学生的参与度，避免一部分人成为班会课的“旁观者”。在全班性活动中学生尚可能偷懒摸鱼，而在小组里，大家都坐在一起，就那么几个人，每个人都必须动起来。分组也能让更多的学生有表达的机会。假设一个班 50 人，某环节有 5 分钟发言时间，一个人一分钟，那只能安排 5 个人发言，其余 45 个人没机会。但在一个 5—6 人的小组里，同样的 5 分钟，则几乎每个人都有近 1 分钟的发言时间。

1. 适合分组进行的活动

班会课上适合放在小组中进行的活动非常多。常见的有以下活动：

①集体学习某些知识。

②征集意见、建议。

③交流经验、观点、思想。

④制定方案。

⑤讨论方案。

⑥对方案进行表决。

⑦通过分工与合作完成特定的任务。

总之，分组活动（讨论）的内容必须有共性，对此大家都有话可说，而且可以公开说。

2. 如何分组

班会课上分组比较简单，随机分组、按平时教室的座位分组都可以。除了设计中有特别要求，大多数班会课对小组成员并无特殊要求，最多也就是注意男女搭配而已。

①每个小组一般 6 人左右。将班级人数除以 6，即可得到大致的小组数量。但需要控制小组的数量，因为展示小组活动成果需要时间，而且这块时间还不好控制。小组的数量在 6 个左右较为合适。小组数量多，就意味着展示环节要耗费更多的时间。如果参加班会课的人数较多，则不得已要增加每组的人数。每组人数过多又不利于充分讨论。这的确是个矛盾，只能靠设计者权衡解决。

②每组要选一个组长负责主持讨论、记录讨论结果、上台展示等。

③上班会课时，学生以小组为单位围坐，组与组之间留出通道便于主持人巡视。注意，不是每一节班会课都需要分组。设计中如果没有分组活动环节，学生则无须分组坐。

3. 小组活动常用工具

小组活动常用工具包括卡纸、马克笔、游戏道具、计时器等。根据活动要求准备。

4. 小组活动的结果输出

小组活动成果的呈现方式主要有小组代表发言、文本、图画、思维导图、制作的实物作品、表演、表决结果、统计结果等。小组活动结束后就是各小组展示汇报，这是比较耗费时间的。要注意控制各组的展示时间，要求后面的小组不要重复前面小组展示的内容，也可以让不同的小组讨论不同的话题，各组的成果可以共享。

5. 避免低效甚至无效的小组讨论

如果班会课现场是按小组坐的，则小组的活动随时可以进行。受时间限制，一节班会课一般只统一安排一次比较大的小组活动，或放在“问题分析”板块，或放在“问题解决”板块。这样的活动在整个班会课中占有重要位置，一般应把班会课的行动目标放在这个活动中达成。

虽然安排小组讨论是班会课的常规操作，但由于活动是在各个小组分别进行的，主持人无法对所有小组同时进行控制和指导，所以如果不组织好，小组活动就会出现“表面热闹，其实无效”的情况。

①没有任何引导的“放羊式讨论”。学生不知道怎么讨论，随便说说，有人说有人不说，说的内容也比较随意。

②吵架式讨论。讨论变成争吵，局面很混乱，谁也说服不了谁，达成不了共识，最后也就不会有什么成果。

③取悦他人式讨论。若小组里有权威人物，比如有教师或比较强势的班干部在，组员不敢说实话，不敢表达真实想法，发言只是为了讨好教师或班干部。这种讨论也是无效的。

④少数人积极、多数人旁观的讨论。虽然看上去在讨论，但是只有少数人态度积极，另外一些组员仿佛是局外人，并不参与，而是冷眼旁观或者做自己的事。

⑤在一定压力下的附和式讨论。如果讨论前教师已经定下调子或有过暗示，大家对讨论结果心知肚明，发言就只是附和，这样的讨论也是无效的。

⑥长时间讨论。每次小组讨论时间不要超过5分钟。时间一长，学生的兴趣和注意力就会开始下降，讨论效率会明显降低。所以，讨论环节必须规定时间，主持人要及时提醒，果断停止。

6. 组织小组活动的一般要求

小组活动要让学生真正动起来、思考起来、讨论起来，学生要都参与进来，取得实效，而不是做做样子，走个过场。以下建议供参考。

①选择学生感兴趣的话题讨论。

②讨论的问题要契合学生的认知水平。太简单，学生没兴趣；太难，学生讨论不起来。

③讨论的话题倾向性不能太明显，要让学生尽量保持中立，正反两面都有话可说。

④讨论前主持人对预设的结论不能有暗示，要让学生在相对安全的氛围下讨论。

⑤讨论前明确规则。比如，小组讨论要有主持人、记录人；所有人必须发言；限定每人发言的时间；轮流发言，未发言者优先；讨论要有记录。在全班分享讨论结果时，要点明哪些建议是谁提出的，以鼓励那些积极发言的学生。

7. 小组讨论的引导

小组讨论要有引导，否则就会变得低效，得不到想要的成果。讨论时主持人（班主任）要在各小组巡视、倾听、指导，与学生互动或亲自参与讨论。巡视时要注意发现小组讨论中的亮点，并在分享时做推荐。

以下是引导小组讨论的一些建议。

①用具体的问题引导讨论。讨论的问题一定要具体，不能只给个大概的范围，还要给出一些提示，防止学生在讨论时不知道说什么或者说得很空洞或跑题。所以，讨论题的设置直接影响讨论的质量。比如，“如何看

待现在中学生中出现的‘躺平’现象？”这样的讨论题就太发散了。如果改成“现在中学生中的‘躺平’有哪些具体表现？”“为什么会出现这些表现？”讨论就会比较容易进行。为了让讨论的内容紧扣议题，可以设置关键词，要求学生围绕关键词进行讨论，还可以要求学生以关键词为核心画出思维导图。

②用提纲引导讨论。用提纲引导讨论是常用且有效的方法。把议题按一定的逻辑关系（如时间顺序、空间结构、层次结构等）分解成若干小问题，做成讨论提纲，逐一讨论。

【案例 8-3】 关于“今天，我们怎么参加劳动”的讨论

在劳动教育的主题班会课上，班主任安排小组讨论：“今天，我们怎么参加劳动？”如果仅仅给一个话题，学生的讨论就会很乱。如果设计一个提纲，讨论就会变得有序，而且能很快得到结果。提纲如表 8-1 所示。

表 8-1 “今天，我们怎么参加劳动”讨论提纲

劳动场所	劳动内容	劳动时间
学校	1	
	2	
	3	
家里	1	
	2	
	3	
其他地方	1	
	2	
	3	

③使用引导技术引导讨论。可以用于引导讨论的技术有很多，而且有专门的工具书。比如，《引导工具箱：解决组织问题的 49 个工具（修订版）》（森时彦、引导工具箱研究会著，电子工业出版社 2023 年版）一书

便介绍了49种引导工具。尽管这些方法主要用于引导企业内部的讨论，但其中有些对班会课的小组讨论也有借鉴意义。建议班主任学习一些引导讨论的技术，根据不同话题选择合适的引导方法。

【案例8-4】 一节微班会，三道讨论题，巧妙解决班级间的矛盾

课间，班长和学习委员向我抱怨："数学老师怎么老是在我们班表扬（2）班？还说我们班比（2）班差多了。我们很不服气！他凭什么这样说？"［我们是（1）班］听完学生的抱怨，我想："这应该是数学老师的激将法吧？想用这个办法刺激我们班好好学数学。或许他还会在（2）班面前表扬我们班呢！"我不方便告诉学生那可能是老师的"激将法"，但也不能和学生一起抱怨数学老师，怎么解决这个问题呢？我想，能不能利用这个机会把抱怨变成前进的动力？《引导工具箱：解决组织问题的49个工具（修订版）》这本书里介绍了一种引导讨论的"二分重构法"，正好可以用在这件事上。于是，我对班长和学习委员说，下午开一个微班会，大家讨论一下这个问题。

我简单设计了一下讨论程序，在20分钟不到的微班会上，组织学生讨论了三个问题。

首先，我把听到的抱怨和学生说了一下，大家纷纷点头，都表现出很生气的样子。我说："既然数学老师说（2）班比我们班好，我想，老师一定有他的依据。大家先不要生气。每个班都有自己的优点和缺点。我们今天来分组讨论一下。第一个问题，（2）班是不是有比我们班好的地方？哪些地方比我们班做得好？请大家放下成见，不要带着情绪，好好想一想，找一找，组长做记录。"

虽然有点儿不情愿，但由于我限定了讨论的问题，大家只能去找（2）班的优点。结果，大家冷静下来找了一下，还真发现了不少（2）班比（1）班做得好的地方。组长一一记录下来。

第一轮讨论结束后，我说："大家刚才找到了不少（2）班的优点，很好！说明我们班同学是理性、客观的。不过，虽然（2）班有很多优点，但我们班也有做得好的地方。"

学生兴奋起来，异口同声地说："对啊！我们班才好呢！"

我说："那我们就讨论第二个问题，找一找我们班哪些地方比（2）班好。大家踊跃发言，组长记录下来。不过还是要客观点儿啊！"

学生很开心地讨论起来，不一会儿，找出了我们班的很多优点。

最后是第三轮讨论。

我说："两个班的优点都找出来了。下面请大家针对我们班的不足之处，提出改进建议。我们已经有很多优点了，如果能改掉一个缺点，我们就能更进一步；如果改掉两个，我们就能进两步。这样我们就会越来越优秀！请大家积极讨论。"

这一次，学生依旧很兴奋，提出了不少建议，场面很热闹。

最后，各组的组长上台分享对三个问题的讨论结果。

这节微班会，通过三个讨论题引导大家理性分析。大家放下成见，不吵不闹，就班级的建设提出了很多建议，班会课取得了较好的效果。

【拓展学习】"二分重构法"适用的问题以及用法

"二分重构法"这一概念出自《引导工具箱：解决组织问题的49个工具（修订版）》一书。重构，就是转换看待事物的思维模式，或者说换一个角度分析同一个现象。比如，十道题目错了五个，学生会很沮丧，觉得自己太差了。但运用重构的方法，就能发现，自己其实还是做对了五道题，由此也能找到信心。"二分重构法"让人换一个角度看问题，引导人们客观地分析自己的优势和劣势，改变"这山望着那山高"和妄自菲薄的不良心态，从而找回自信。在运用这种方法的时候，需要把对方的优点和自身的优点全部罗列在一张纸对分（二分）的两栏里，进行比对。

四、个体活动的引导方法

在设计班会课时，不仅要考虑全班整体，更要考虑学生个体，因为班会课的教育是要落实到每个人的。判断一节班会课的好坏，要看每个人是不是真的有收获。要防止在表面的热闹下，有些学生游离于班会课之外。只有每个学生积极参与，班会课才能真正体现“学生主体”的理念。

1. 班会课的主题应是学生感兴趣的、与学生切身相关的

班会课的话题要考虑所有学生。话题与己相关，学生自然会注意。比如，关于父爱的班会课，不能只谈父爱如山，还要顾及那些感受不到父爱甚至没有父亲的学生。事实上，这才是班会课应该关注的重点。话题与己相关，学生自然会注意。

2. 课前做好调研工作

设计者要了解学生对主题的理解和想法，以便分类指导。班会课前的准备工作要人人参与，班主任也要认真研究问卷或学生的文字。若发现有代表性的、有典型意义的想法，就事先与学生沟通，安排他们在班会课上展示和分享自己的观点与想法。

3. 班会课要给每个学生一定的独立思考时间

班会课的课堂时间虽然宝贵，但还是要注意“留白”。不能一个活动接一个活动，把课堂塞得满满的。班会课进程快中要有慢，闹中要有“静”。一味求热闹的班会课往往比较“浅”，因为学生没有静心思考的时间。要设置一些每个人必须经过独立思考才能完成的任务，比如写建议、写感悟。

4. 提高提问的频率和扩大提问的面，让更多的学生有发言的机会

5. 让学生保持对课堂的关注

上课时要注意观察学生的表现，特别是神态、表情。主持人如果发现学生心不在焉，那就说明他并未融入课堂，可能是对话题不感兴趣或在想别的事。主持人可以用提问或慢慢靠近学生等方式唤起他的注意。

6. 除了小组活动外，应安排一些必须通过两个人配合才能完成的任务

7. 小组活动要明确分工，要求每个人都有事做或承担不同的角色

小组活动时，主持人要利用在各组巡视的机会，关注那些表现不佳的学生，询问他们的需求，及时提供指导和支持，帮助他们解决问题。

8. 增加现场反馈的频率

时不时要求学生用各种方式对课堂的讲解或展示做出反应。对积极参与或表现优秀的学生，要及时给予表扬和鼓励。

9. 使用班会课学案

班会课不仅要有教案，最好还有给学生使用的学案。学案上要有上课的主要内容提示和需要学生当场完成的任务。

【方法指南】 班会课如何不“翻车”

班会课的特色之一就是会有很多现场生成的内容。“生成”是一把双刃剑。有一定不确定性正是班会课的魅力所在。意想不到的回答、现场突发的小插曲既是班会课有趣的地方，也是对班主任临场应变能力和专业基本功的考验。如果应对失误，现场“翻车”，它就会变成一节失败的班会课。

如何让班会课有足够的生成，又不至于场面失控，完不成教学任务？可以参考以下建议：

①班主任要多上班会课，积累经验，提高应变能力。这一点最重要。

②备课时要吃透本节课运用的理论和班会课进程的逻辑。道理烂熟于心，方能处变不惊。

③设计时不能过于理想化，认定学生一定会这样回答。对开放式

问题，自己要熟练掌握其背后的原理，同时设想学生多种可能的回答或提问，并做好准备。

④减少开放式问题，增加封闭式问题，对可能的回答（如“是”“否”）要用设计流程图的方式，按不同回答路径准备好应对方案。

⑤在提问前多设置脚手架，做好铺垫，引导学生做出正确回答。

⑥设计方案不能把每句话都详细写出来，那样既不符合现场的情况，也极易造成思维定式，影响主持人的临场发挥。

综上所述，在主题班会课中，无论是全班性活动、分组活动还是个体活动，都需要教师明确目标、组织有序、关注学生的需求和反馈。应通过合理引导和有效指导，提升学生的参与度和活动效果，使班会课变得更加有意义和价值。

思考与实践

1. 为一节班会课设计一份学案，在上课时使用。
2. 用“二分重构法”设计一个关于学生使用手机的讨论。
3. 用问题串设计一节不需要学生准备的班会课。

本章内容概要

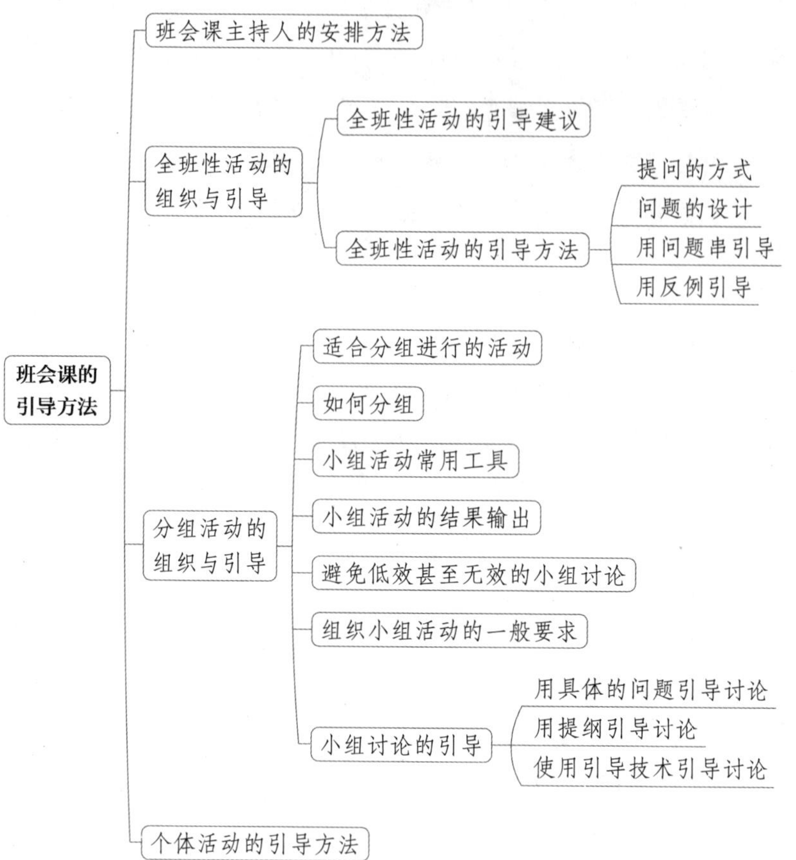
班会课的引导方法
班会课主持人的安排方法
全班性活动的组织与引导
全班性活动的引导建议
全班性活动的引导方法
提问的方式
问题的设计
用问题串引导
用反例引导
分组活动的组织与引导
适合分组进行的活动
如何分组
小组活动常用工具
小组活动的结果输出
避免低效甚至无效的小组讨论
组织小组活动的一般要求
小组讨论的引导
用具体的问题引导讨论
用提纲引导讨论
使用引导技术引导讨论
个体活动的引导方法

第九章

提升班会课质量的方法

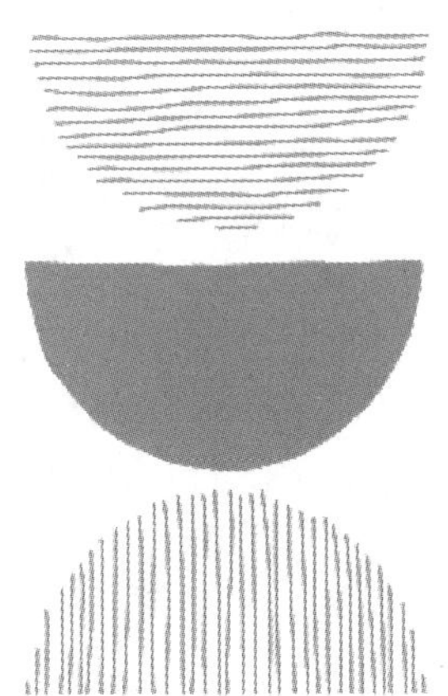

主题班会课的设计有通用的方法，运用这些方法，设计出一节中规中矩的班会课并非难事；但要想设计出一节高质量、出彩的，甚至在各种比赛中获大奖的班会课，就需要一些技巧和创意。本章将讨论如何进一步提升班会课质量。

本章将讨论以下内容：

1. 优质班会课的特征。
2. 设计优质班会课的要领。
3. 情感对班会课的意义。
4. 班会课上如何才能产生共情。
5. 故事在班会课中的运用。
6. 体验在班会课中的意义。
7. 访谈法在班会课中的运用。
8. 如何运用穿越的手法设计班会课。

一、优质班会课的特征

一节优质班会课主要具备以下特征。

1. 目标明确且达成度高

优质班会课有明确的教育目标，过程流畅，能较好地完成教学任务，从现场反馈及课后效果评估看，目标达成度高。

2. 能提升学生的能力

学生是班会课的受益者。优质班会课有助于提高学生的思想道德水平和综合素养，如沟通能力、团队协作能力、解决问题的能力、批判性思维等。学生在优质班会课上能够学到知识和技能，并能将它应用于实际生活和学习中。

3. 能帮助学生解决自身的困惑、问题

优质班会课以学生为本，关注学生的需求，特别是心理需求，能帮助或指导学生解决他们的困惑和问题。

4. 能打动学生的内心，培养学生美好的情感

5. 学生对班会课的教育内容和活动形式认同感高

6. 互动性强，学生参与度高

优质班会课能充分发挥学生的主体作用，学生与主持人、学生与学生间有大量互动，而不是主持人一言堂。

7. 有趣且有吸引力，班会课现场气氛热烈而融洽

优质班会课生动有趣，活动有创意，能吸引学生，调动学生的积极性。现场气氛热烈，有笑声、掌声。

我们可以用几个关键词来表达优质班会课的特征：有意、有益、有趣。

总起来说，班会课的质量高不高，不是看主题有多宏大、讲了多少道理、场面有多热闹，而是看学生内心有无触动，能够从中收获多少。我们可以对照这些特征改进班会课的设计。

二、设计优质班会课的要领

综合前面的内容，我们总结出设计一节优质班会课的八条要领。

这八条要领如下：

①明确的目标。

②清晰的主线。

③理性的分析。

④真挚的情感。

⑤感人的故事。

⑥有效的情境。

⑦真实的体验。

⑧创意的活动。

其中，前三条为基本要求，第一条“明确的目标”，参见本书第六章《班会课目标的确定》；第二条“清晰的主线”，参见本书第五章第二节《班会课的主线》；第三条“理性的分析”，参见本书第七章第三节《班会课“问题分析”部分的设计》。务实型班会课做到前三条基本上就是一节好课了。而务虚型班会课，或者想让班会课更精彩，则一定要向后五条方向努力。后五条也是本章将重点讨论的内容。

三、让班会课充满真挚的情感

一节班会课，除了要有理有据，情感是绝对不能少的。诺丁斯认为：“当我们去关怀他人时，我们必须使用推理去决定要做什么。我们使出浑身解数，是因为我们想为那些我们所关怀的人做到最好。但是，激发我们去这样做的并不是理性，而是一种与他人共存、为他人着想的情感，这种情感在自然关怀中激励着我们。”[①]

1. 情感对班会课的意义

没有情感的班会课，绝对不可能是一节好课。让班会课充满情感和温

① 诺丁斯. 培养有道德的人：从品格教育到关怀伦理 [M]. 汪菊，译. 北京：教育科学出版社，2017: 15.

度，有以下几个重要意义。

（1）培养学生的道德感

情感是指个体意识到自己与客观事物的关系后产生的稳定的、深刻的心理体验和相应的反应。情感一般分为三种：道德感、理智感、美感。

①道德感。道德感是指按照一定的道德标准去评价自己或他人的思想和言行时产生的情感体验。比如，爱国主义情感、集体主义情感、责任感、自尊感、义务感、羞耻感等。

②理智感。理智感是指在认识和评价事物过程中所产生的情感。比如，求知欲、好奇心。它是人们学习科学知识、认识和掌握事物发展规律的动力。

③美感。美感是指用一定的审美标准来评价事物时所产生的情感体验。美感又可分为自然美感（如自然之美）、社会美感（如劳动之美）、艺术美感（如音乐、画作之美）三类。

这些情感都可以也应该成为各类班会课的教育目标，培养学生的道德感更是班会课的重要任务。

（2）促进班会课行动目标的达成

情感反映人们对人和对事的态度、观念，情感影响一个人的判断和选择，对行为有驱动作用。所以，班会课情感目标的达成对行动目标的达成有重要影响。

（3）让班会课更有魅力

如果缺少情感，班会课就会像一杯白开水，淡而无味，不能吸引学生，自然也就很难取得好的效果。

班会课的情感一方面是在设计时渗透，一方面来自班会课现场的表达。

2. 在班会课设计中注入情感

情感在班会课中起着重要作用，设计者在设计时应注入情感。

（1）带着情感设计班会课

要想班会课有情感，设计者首先要有情感。不能把班会课作为例行公事，为完成任务而去设计。要将自己的情感融入班会课，让自己成为班会课的一部分，而不能仅仅做一个旁观者。

设计者的情感会决定他对班会课涉及问题的基本态度。是喜悦还是愤怒，是开心还是难过，都会在班会课中表达出来，而这些情感会感染学生。

班会课的设计最能体现设计者的情商。即便是普通的案例、现象，比如班级卫生出了问题、有人喜欢讲脏话等，设计者也不能就事论事，而要表达出这种情况给自己带来的主观感受。

当然，在设计班会课时，设计者也要审视自己的情感是否过于个人化，表达是否过于情绪化，因为设计者的情感也是自身价值观的体现。班会课设计中最重要的就是传递正确的价值观。

（2）关注学生的情感

一个基本的常识是，情感是不能强迫的。班会课的情感不能是单向输出的。情感的传递必须顾及学生的情感。所以，要先了解学生对班会课要讨论问题的情感，并理解学生的情感，这样才有可能想办法让学生产生情感共鸣。

（3）选择富有情感的班会课素材

设计者要挖掘班会课主题中蕴含的情感元素，想办法用一定方式将它呈现出来，贯穿班会课的始终。要精心选择富有情感的德育素材。

（4）班会课表达情感的方式

①以事传情。班会课的案例分析、故事分享，不能就事论事，必须带着情感。这种情感，可以是故事本身包含的，也可以是设计者的情感——设计者带着自己的情感述说故事，并试图将这种情感传递给学生。

②以物传情。在班会课上使用实物是一种效果比较好的方式。设计者可以寻找、征集与班会课主题相关的实物，如纪念品、照片、书画、信件、工艺品、小物件等，在班会课堂上展示并解读，甚至让学生传看。班会课上使用实物的主要作用是表现某种情感。实物可以使情感有一个看得见的载体，让学生更直接地感受它寄托的情感。

③以文传情。文字是表达情感的最佳方式之一。所以，班会课上使用的文字，包括课件的大小标题和内容、主持人的解说词和串词等，不能干

巴巴的，设计者一定要仔细锤炼，力求文笔优美且富有情感。如果设计者自身文字功底不太好，可以参考一些美文，搜索一些优美的语句，或请高手润色文案。这是给班会课锦上添花的工作。

班会课用的文字素材也要带有情感。比如，书信在教育中能发挥独特的作用。在班会课上写信（包括使用便利贴写很短的信）、读信，比如家长写给孩子的、老师写给学生的、学长写给学弟学妹的，等等，效果大都不错。(参见案例 9-1)

【案例 9-1】 班会课用文字感染学生的实例

新班组建不久，班级事务繁忙，每天都有大量工作。来到新学校、新环境，学生很兴奋，表现有很多亮点，但同时也出现一些问题。班主任觉得应该及时开一节班会课做一些总结和教育。

在这节班会课上，班主任没有说教和训诫，而是采用了以情动人的教育方式。班会课的流程非常简单。首先，班委介绍班级各方面的情况。然后，以学生的周记为素材，请几位学生谈谈来到新班后的感想。最后，班主任和学生分享了自己写的一篇文章。

这篇文章主要讨论了开学以来的班级情况和学生的表现，有表扬，也有委婉的批评，更有鼓励。文章通篇饱含深情，班主任真挚的感情打动了每一个学生。

文章如下（朗读时配钢琴曲《初雪》）：

开学后几周匆匆过去。我星期五傍晚时分疲惫地离开学校时，校园里已是一片静悄悄。这一周，太多忙碌，几分惊喜，些许惆怅……

班级每天都在发生令人欣喜的变化，宛如初生的婴儿，拼命吸收营养，长得飞快。我和全班孩子们，每天都在向这个新家中注入正能量，呵护她成长。

上一周同学们费了很大工夫把阳台打扫得干干净净，前一天我去阳台，发现多了一盆漂亮的植物，再一问，是王瑛从家里带来的……

王瑛真好！这是我的心里话。同学们都叫她“邻家女孩”，好亲切的称呼，让人听着就觉得温馨。王瑛干活认真到让我心疼！我知道她身体不好，但是，从军训为同学们服务，到做值日、为班级做展板，哪一样她不是抢着干！她的好，同学们看得见，都写在了周记里。

班里岂止是王瑛好！我们班的同学，有不好的吗？真的没有！在我眼里，大家都那么可爱、优秀，就算是偶尔顽皮，也透着灵气……

要说遗憾，那也是有的。我的遗憾，同学们往往都不知道……

有一天，领导批评了我，说我们班中午太吵，影响其他班级休息。

那一刻，我真的很委屈。我年纪大了，很多事情记不清。哪一天吵闹，我完全没有印象。为了让科任教师多休息一会儿，一个星期五天的值班我全包了。因为睡眠不足，每天到了中午我都特别困，但是为了多做一点儿工作，我几乎没有午休过。我们班怎么会影响到其他班级呢？

我想起了军训时同学们的委屈。

是啊，大家训练时那么认真刻苦，会操的表现无可挑剔，但最后优秀团队的名单中竟然没有我们班！当时很多同学都哭了。我知道大家的委屈，但我想告诉大家，做人，要大气；班级，也要大气。要相信，如果你足够优秀，谁也挡不住你的光芒。

我问自己，班级午休是不是发出了声音？如果有，哪怕不高，那也是瑕疵。只要有瑕疵，就别怪人家说我们。有人盯着，正说明我们引人注目，这是我们进步的动力。

让别人闭嘴的唯一办法，就是做得更好！

我还要努力，更需要全班同学的努力！不抱怨，不怕委屈，勇敢地走下去，用事实来证明自己。我相信，我们的努力，终会有回报。我们做这些不是为了给谁看，是为了我们自己班的未来。

写到这里，我看了一下时间，已经深夜一点半了。现在是星期一了。过不了多久，太阳就会升起，新的一周，已经来临。此刻我想起了一位朋友说过的两句话，我很欣赏，我要把这两句话送给大家——

“我想进步，无人能阻挡！”

“就算遍体鳞伤，也要赢得漂亮！”

④其他方式。班会课还有很多种传递情感的方式。比如，网络连线可

以瞬间实现异地甚至异国联系，这是利用网络传情。例如，在改善亲子关系的班会课上，让学生现场连线在外地打工的父母，会有意想不到的效果（班会课前可先做好安排）。比如，在课堂上播放录制的视频或录音，这是音画传情。

在设计班会课时，设计者要始终把情感放在首要位置，处处留意能否渗透情感。要专门思考情感的渲染问题，比如用什么音乐、什么画面、什么情境最有利于营造适合班会课的氛围。

3. 班会课情感的现场表达与传递

班会课的情感在现场主要通过两种方式表达与传递。

（1）主持人带动

主持人是影响班会课现场效果的重要因素。主持人不仅仅是按流程完成班会课的组织，他还要把控班会课的时间和节奏，果断处理现场出现的问题。同时，他要调动班会课的气氛，带动学生的情绪，传递班会课教育内容中的情感。

具体来说，主持人要有亲和力，语言要热情而温暖，语音、语调要有起伏，还要善用躯体语言，如目光、面部表情、身体姿势和动作等，表达情感。

（2）现场氛围感染

限于场地条件、物质条件、技术条件，班会课能营造氛围的手段并不是很多，音乐是最常用的手段。班会课上可以使用不同的音乐来表达不同的意境，配合教育内容的展开，以帮助教育活动达到最佳效果。

音乐在班会课中的作用包括营造氛围、创设情境、激发情感、增加班会课的美感、串联班会课的环节，甚至直接作为班会课的素材。

作为背景的音乐，一般在班会课的以下时刻使用：

①班会课开始前，用于暖场。

②班会课结束时，可以选择一首与主题相关的歌曲作为总结。这样既可以帮助学生回顾和巩固课程内容，也能升华主题，让班会课有一个优雅的结束。

③有朗读、朗诵的时候。配乐朗诵（包括讲故事）几乎是班会课传递

情感的标配，音乐可以大大增加朗诵的感染力。

④做游戏的时候，用于配合游戏进程，营造游戏的氛围。

⑤需要提示时，比如用音乐响起和停止控制时间。

⑥其他任何需要用音乐造势的时刻，如颁奖时。

在班会课中配上合适的音乐，可以给班会课锦上添花，但是音乐要与班会课的主题和内容搭配。如果班主任对音乐不内行，不会给班会课配音乐，可以向懂行的人（比如音乐教师）请教，请他们帮助寻找好的音乐。

4. 班会课情感目标的达成

在班会课上表达情感，一是为了打动、吸引学生，让他们更加投入；二是因为班会课本身也有情感目标需要达成。班会课的情感目标主要是通过“共情”达成的。共情又叫“同理心”，是指体验别人内心世界的能力。共情可以帮助学生更好地理解和体验他人的感受，从而促进他们形成正确的道德观念和行为习惯。

共情的关键是“理解”——学生必须理解班会课传递的情感，才有可能产生共情。所以，班主任不能只考虑自己的情感。班主任的情感如果不能和学生产生共鸣，充其量也就是感动自己。只要学生没有认同、接受这种情感，情感目标就没有达成。

如何才能产生共情呢？

①消除班主任和学生的“代沟”。消除“代沟”的主要方法是换位思考。消除“代沟”的主动权掌握在班主任手中。班主任要通过课前调研和学生在课堂上的表述了解学生的情感态度，以学生的视角想问题，多问问自己“如果我是学生，会怎么看这件事”，尽量去体验学生的情感，并了解产生这些情感的原因。学生若感到自己被理解、悦纳，就会更理解班主任。

②引导学生换位思考。做到第一点，共情就有了基础。接下来是引导学生换位思考。首先要把自己换位思考的感受反馈给学生，和学生产生共情。接着以此引导学生也做换位思考。比如，在“守住‘粮’心，吃出美德”班会课上，主持人请学生想象，自己亲手精心制作了一顿饭菜，家人吃了几口就倒掉，自己心中会有怎样的感受。

③精心选择感人的故事。什么样的故事能感动学生？一是贴近学生生活又充满情感的故事。二是讲的虽是别人的经历和感受，学生却能从中读出自己的故事。

④观看感人的电影片段或其他视频。可选择具有强烈道德内涵和情感价值的影片，让学生在观看过程中感受他人的喜怒哀乐，产生共情。

⑤开展角色扮演活动。通过活动，让学生体验他人的角色和处境，从而更好地理解他人的感受。角色扮演法是班会课常用的既有效也有趣的方法。

不能把班会课上的情景剧、小品等同于角色扮演。虽然这些活动中都有学生饰演不同的角色，但此“角色”非角色扮演法指的“角色”。不是说班会课上演一个小品就是在运用角色扮演法。如果仅仅是为了表演而背背台词，做点儿动作，把“戏份”演完，就不能叫作角色扮演法，只能算是班会课中一个比较有趣的活动。

角色扮演是要求学生真正（短时间）成为“那个角色”，能体验到那个角色的感受。如此，才能产生共情。所以，大量的角色扮演活动其实是在课外进行的，结束之后再让学生到班会课上去分享扮演这个角色的心情和感受。

当然，班会课上的心理剧、情景剧也是角色扮演的方式。学生不能为表演而表演，要认真体会自己扮演的角色的情感，真正融入角色。

【案例 9-2】 做一天盲人

这是一个持续较长时间的角色扮演体验活动。活动要求体验者戴上眼罩，像盲人一样度过一天（或半天），记录自己的遭遇和感受，在班会课上和同学分享。

注意，这个活动需要在有人帮助的情况下进行，但尽量自己体验，注意安全。扮演盲人的时候不能总是坐着不动，要进行各种活动，同时要确保不偷看。这个活动可以让学生真实体验到残疾人的生活状况，产生同理心，比任何说教都有用。

⑥开展分享活动。让学生在小组讨论中分享自己的经历和感受，倾听他人的看法。这种活动也能培养学生的共情能力。

【班会课课例 9-1】 关于父亲节的班会课

一、班会课背景

进入青春期后，很多学生的叛逆行为明显增加，不少家庭出现了亲子关系紧张的情况，师生冲突也时有发生。父亲节前夕，班主任拟上一节关于父亲节的主题班会课，以促进亲子关系的改善。

二、课前思考

一节班会课要想真正打动人，班主任前期要做大量工作。这些工作是建立在思考的基础之上的。思考，是班主任在设计班会课前一定要做的事。

思考一：如何突破老套的设计思路？

班主任一般会把这节课设计成感恩教育的班会课。（参见图 9-1）

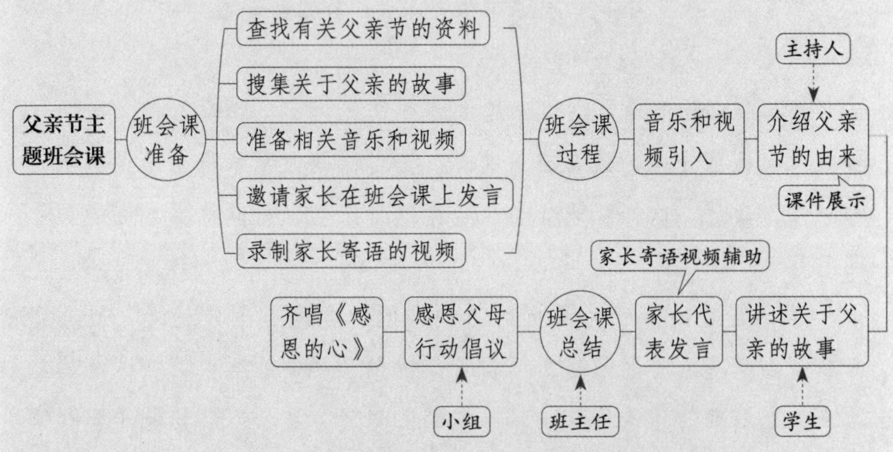

图 9-1　设计成感恩教育的父亲节班会课

这样的设计落入俗套。糟糕的是，学生的参与度会比较低，效果当然就会有限。从小到大，学生被灌输了太多关于感恩的道理。但孩子毕竟是孩子，若没有体验、没有换位思考，很难从内心唤醒他们并促使他们付诸行动。我们总是以成年人、过来人、教育者的姿态出现，用我们的视角去看学生，以成人的标准去要求学生，很少顾及学生的感受和自我体验。这些，是班主任在设计本节课时希望突破的。

思考二：这节课的主题到底是什么？

“班会课背景”中已经说明，班主任是想借本节班会课改善亲子关系。但关系是双方的，单方面的“感恩”，能有改善吗？或者说，这样的改善有意义吗？（参见图 9-2）

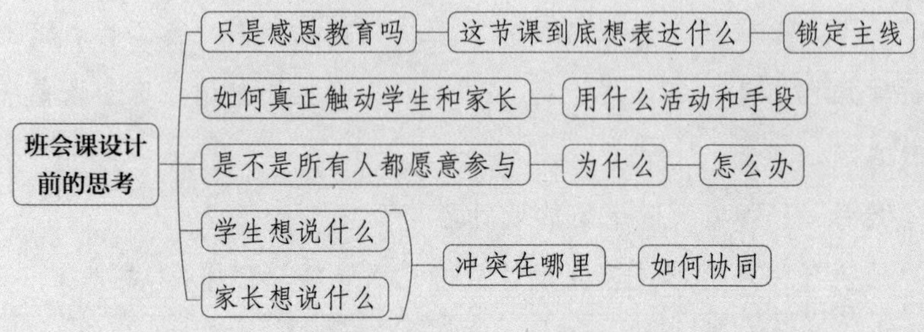

图 9-2　父亲节班会课设计前的思考

思考三：如何确定班会课的主线？

本节课的定位为改善亲子关系。设计时要立足本班，以身边的人和事作为素材。这样既能让学生觉得熟悉亲切，也能解决本班的具体问题。

学生家庭的亲子关系有的是和谐的，有的是比较差的。班会课当然是要解决后者的问题，而前者则提供了现成的样板。总结好的经验，加上一定的理论指导，可以把做法变成方法，启发其他学生和家长。这样，这节课的实用性就比较强。（参见图 9-3）

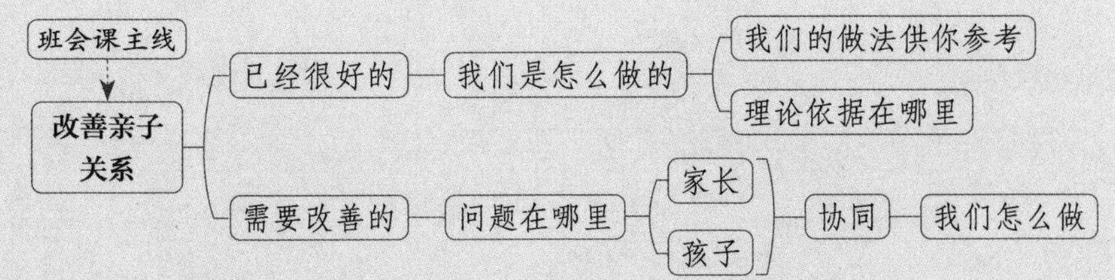

图 9-3　父亲节班会课的设计思路

思考四：如何让学生真正参与到班会课中？

班会课是面向全体学生的。所以，我们需要了解是不是所有学生都愿意参与这个话题，思考为什么有人不愿意，如何让他们参与，如果他们不参与怎么办，等等。班会前了解学生的态度很重要，班主任要根据他们不同的态度采取不同的引导策略。

既然班会课是以父亲节为契机，那么当然是以讨论父子（女）关系为主。然而，很多正处于叛逆期的中学生并不是很愿意谈论这个话题。原因各种各样。有人谈到“父亲”时，并没有感受到“父爱如山”。虽然有很多关于父爱的感人故事，但那都是别人的。

不过，虽然不是所有学生都对这个话题津津乐道，但他们一定都有想法。班主任决定用调查的方式，并结合平时对学生的了解，搞清楚学生对这个话题的想法。这样才能想办法促使全班绝大多数学生真正参与这节课。比如，可以让一开始不愿意讲述的学生从别人的故事中读出自己，产生共鸣，甚至激发他们主动发言的欲望。所以，选择什么样的故事很重要——无论是幸福还是不幸福，都要能启发人去思考。（参见图 9-4）

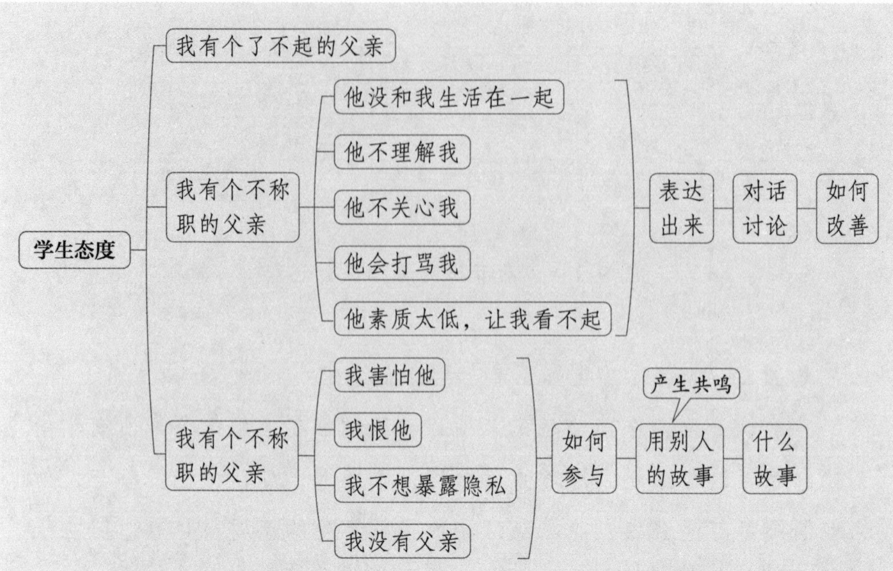

图 9-4　对引导不同态度的学生参与本节课的思考

思考五：家长如何参与本节课？

父子（女）关系的另一方是家长，若没有家长的参与，这节课就等于被砍掉了一半内容。家长以什么方式参与？班主任不希望家长只是来诉说自己用心良苦，抱怨孩子不懂感恩。家长的发言也应该建立在理解、尊重孩子的基础上。虽然不可能所有家长都到现场来参加这节班会课，但是班主任希望所有家长事先都做点儿功课。家长的加入并不只是为了丰富班会课的形式，配合班主任完成这节课，而是因为这次活动对家长来说也是一次受教育和改善亲子关系的机会。

根据以上想法，班主任设计了如图 9-5 所示的给父亲的任务，主题是“了解孩子”。

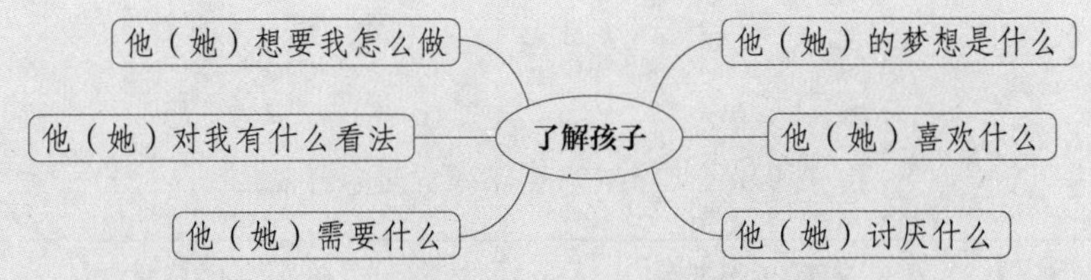

图 9-5　班会课前父亲要做的功课：了解孩子

思考六：学生要了解父亲。

父亲要了解孩子，孩子更应该了解父亲。一旦真正了解了父亲，孩子自然就会产生感恩之情。所以，班主任给学生也布置了任务——了解父亲。（参见图 9-6）

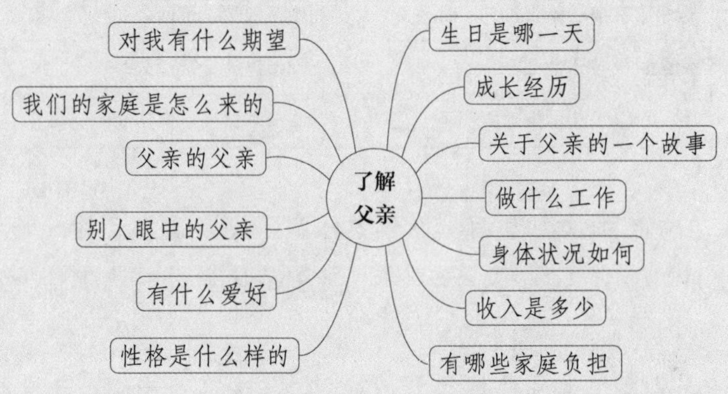

图 9-6　班会课前学生要做的功课：了解父亲

实实在在做好这些工作甚至比班会课本身更重要。

三、班会课准备

1. 分别请家长和学生完成图 9-5 和 9-6 的任务，加强对彼此的了解。

2. 学生对父亲做一次访谈（没有条件的除外），完成一篇短文《我的父亲》。

3. 设计两份问卷，分别给家长和学生，由他们背靠背完成。题目是对应的，这样方便班主任比对并发现冲突所在。部分样题参见

表 9-1。

表 9-1　父亲节班会课课前问卷样题

问题	父亲的问卷样题	孩子的问卷样题
1	你希望孩子成为怎样的人?	你希望父亲是个怎样的人?
2	你是否为孩子感到骄傲? 为什么?	你是否为父亲感到骄傲? 为什么?
3	关于孩子，你最大的苦恼是什么?	关于父亲，你最大的苦恼是什么?
4	你会对孩子倾诉烦恼吗? 为什么?	你会对父亲倾诉烦恼吗? 为什么?
5	你经常和孩子沟通吗?	你经常和父亲沟通吗?
6	你认为孩子尊重你吗?	你认为父亲尊重你吗?
7	你最欣赏孩子什么?	你最欣赏父亲什么?
8	你最讨厌孩子什么?	你最讨厌父亲什么?
9	举一个孩子让你感动的例子。	举一个父亲让你感动的例子。

4. 在学生的文章和两份问卷中仔细寻找合适的素材，询问家长能否出席班会课（2—3 人即可），他们的问题要有代表性（好或不好）。

5. 请家长和学生共读王朔的小说《我是你爸爸》，并做笔记或摘录。

[说明：《我是你爸爸》发表于 1991 年。小说反映的亲子问题至今仍非常有现实意义。除了没有网络和手机，这本书涵盖了包括单亲生活、再婚家庭、孩子的叛逆、学校教育、家庭暴力、恋爱、欺凌、亲子沟通在内的大量问题。]

完成以上工作后，本节课的课堂设计几乎就水到渠成了。

四、班会课流程

班会课流程如图 9-7 所示。

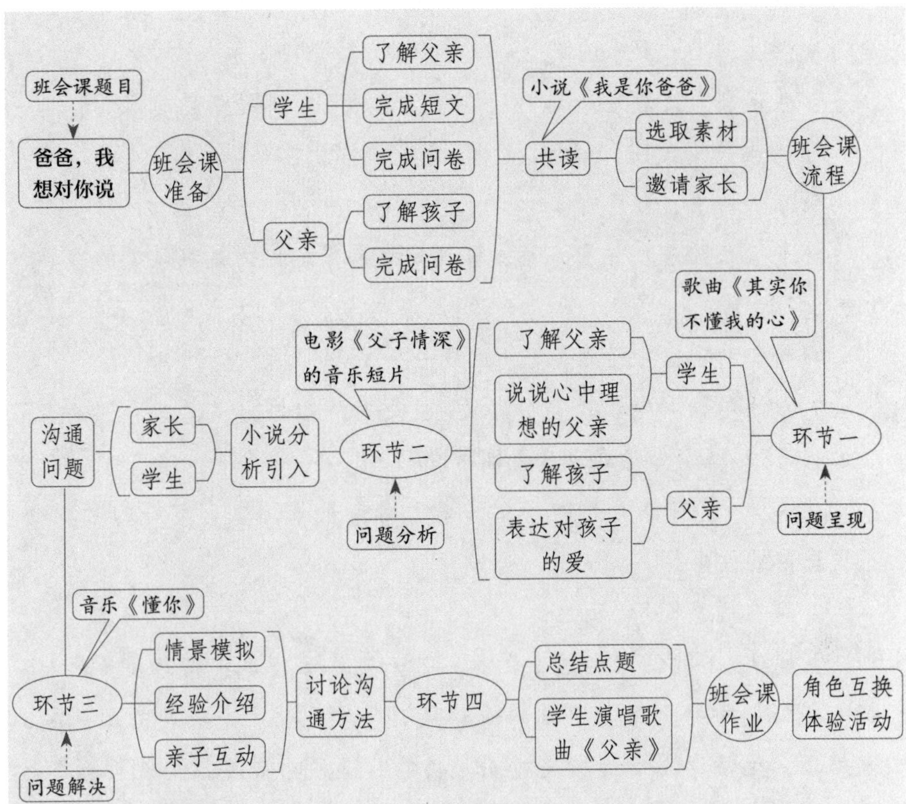

图 9-7　父亲节主题班会课流程

环节一：其实你不懂我的心（问题呈现）

1. 学生歌手演唱或者播放歌曲《其实你不懂我的心》，引入话题。

2. 学生声音：我有一个不称职的老爸。

本环节是学生对家长的吐槽。学生畅所欲言，发言要求有实例。前期班会课准备工作已经提供了大量素材，选取一些有代表性的即可。

3. 家长声音：我有一个不懂事的孩子。

主持人呈现征集到的家长对孩子的意见和家长的焦虑，包括经济问题、养老问题、抚养子女问题（家长嘉宾暂不参与）。

4. 学生声音：人家的老爸。

学生谈别人父亲的优点、心目中的理想父亲，阐述自己的“不幸”。

主持人关键提问：“如果换一个老爸，你愿意吗？为什么？”

5. 家长声音：自己的孩子。

家长嘉宾发言。主要表达：即便缺点再多，你仍是我最爱的孩子（举出实例）。

环节二：寻找曾经的美好（问题分析）

1. 观看意大利电影《父子情深》主题音乐短片。

[说明：本环节意在营造氛围和情境。]

主持人：“有你熟悉的场景吗？生活再艰难，也有美好的时刻。请说出你的故事。”

2. 现在的我们怎么了？

主持人：“我们来到这个世界，首先要感谢父母。我们大多数人都有美好的童年回忆。但是，随着我们一天天长大，成长的烦恼越来越多，生活变得不那么美好了。我们共读了小说《我是你爸爸》，大家一定有很多想法。小说中有两段话，请家长和学生分别发表自己对这两段话的观点。”

①家长。

父：“我理解你，你是不是也该理解我呀？”

子：“你理解我是因为当过儿子，可我没当过爸爸，怎么理解你？”

请家长谈谈自己在和孩子沟通时出现的问题，并举出实例。

②学生。

如何理解下文中孩子的感受？

“那些大人呢？那些天天吵吵着要管他的老师、家长呢？在他不需要他们的时候，他们不请自来，而在他需要他们的时候，却无一存在。他感到被他们抛弃了，同时又隐隐地感到他们的无助正是自己造成的。”

[说明：小说中的这段文字是孩子被人欺凌后，不愿意告诉父亲，

选择独自承受后的感想。]

主持人:“你是不是有话不愿意对家长说?为什么?谈谈你在与父亲沟通时的问题。”

环节三:我可以做得更好(问题解决)

学生歌手演唱《懂你》(根据时间,可以唱一段或全部),引入话题。

主持人:“懂和爱同样重要,而且‘懂’是爱的前提。那么,你‘懂我’吗?”

1.“我们可以这样做”

情景模拟:家长和孩子的沟通实例(可由家长和学生共同表演)。

讨论:事件的起因是什么?双方是如何处理的?矛盾是怎么产生并升级的?大家的建议是什么?

2. 我们该如何沟通?

①家长嘉宾谈体会。

②家长嘉宾和孩子对话,允许其他同学提问。讨论出几种大家认可的沟通方式。

环节四:班会课小结

1. 班主任发言,点题,谈谈在父亲节前开这次班会课的意义,总结沟通方法,对大家的积极行动表示赞赏。

2. 学生歌手组合演唱《父亲》,祝爸爸们父亲节快乐!

五、班会课作业

角色互换体验活动。让孩子做一天爸爸,按照爸爸平时的做派行事;让爸爸做一天孩子,一切听“临时爸爸”的话。活动结束后双方做一次交流,写下感悟。

六、设计小结

本节课的设计逻辑是:先抑后扬,先暴露两代人的冲突,再呈现美好的亲情,然后让学生和家长反思自己的问题,最后拿出实际行动。设计的基本假设是:所有父亲都爱自己的孩子,但方式可能不合适;所有孩子都希望被家长理解，但他们不一定理解家长。

因为想有更多的生成，所以只设计基本流程，对班会课的走向不做太多规定和要求。尽管设计文字看似平淡，但实际操作起来却会很精彩。原因在于双方的准备都比较充分，素材丰富，都是自己的真实体验。另外，引导方式和设置的情境决定了班会课现场会有冲突。有冲突，才会有碰撞，学生和家长才会有话可说。呈现冲突不是为了放大矛盾或让大家发牢骚，而是要让学生和家长在冲突中发现美好和合适的解决办法，这也是本节课的目的。有冲突的班会课往往比较精彩，学生的参与度会大大提高。用四段精心挑选的音乐将四个环节串联起来，既营造了情境，又提高了班会课的观赏性。最后的作业要求父子（女）双方角色互换以增加相互间的理解，这是很有意思的尝试，也为后续的教育提供了素材。

四、好的班会课一定有好的故事

班会课一定要有故事，而且是好故事。好故事不仅能深深吸引学生，还能启发学生思考，激发学生美好的情感。对故事进行分析点评，是达成班会课认知目标、情感目标的重要手段。

班会课中用讲故事的方式教育学生即所谓的“道德叙事法”。“道德叙事是指教育者通过口头或书面话语，借助道德故事的讲述，促使受教育者思想道德成长的活动过程。这种理论认为，道德故事中包含了人物面对各种道德困境和冲突时的动机与选择，儿童通过聆听或阅读，可以学习故事人物身上的美德，同时，故事可以帮助儿童进行美德的自我构建。”①

以下是一些班会课中如何运用故事的建议。

---

① 李秀萍. 不一样的班级管理：价值观教育的实用策略 [M]. 上海：华东师范大学出版社，2014: 79.

1. 故事要与主题相关

故事、视频等被称为班会课的素材，相当于做菜的食材。只有好的素材，才可能产生好的教育效果。故事是为实现班会课目标服务的，选择故事的标准是它能很好地说明班会课想讲述的道理和传递的价值观。所以，班主任在设计班会课时有一个任务，就是寻找与主题相关的故事。

2. 故事要生动有趣

老生常谈的、说教味道重的、一开头就知道要讲什么道理的故事难以激发学生的兴趣。选择故事，首先要看它是否有教育意蕴，但故事的生动性、趣味性、对学生的吸引力也是重要的考虑因素。故事要短小精彩，情节生动，结局“出乎意料，却在情理之中”。有趣的故事可以帮助学生记住这节课的内容，故事本身也会长久地留在学生的记忆中。

故事还要适合学生的年龄，对小一点儿的学生，故事要注重生动性和趣味性，蕴含的道理要相对浅显；对成熟一些的学生，故事要有一定的深度，思辨性要强一些，能让学生“陷入沉思”。

故事也有时效性。经典的、传统的故事当然在选择范围内，但设计者同时也要关注学生的兴趣点。学生熟悉、喜爱的名人、明星、偶像的故事（特别是他们的成长历程），热门影视作品中的经典片段，社会热点，网红事件等，对学生的吸引力更强。其中不乏教育素材，应该成为班主任主要的搜索对象。

3. 不同的故事发挥不同的作用

班会课从来就不是为讲故事而讲故事，也不仅仅是为了增强趣味性而讲故事。故事一定要融入教育元素，如道德观念、历史文化知识等。不同的故事具有不同的教育功能。

①伟人、名人的故事。这类故事有较好的思想性和价值观引领作用，但距离学生的现实生活比较远，往往难以让学生产生共情，容易变成说教。有的故事学生已经听过很多遍，对他们没有什么吸引力。所以，班会课不能只有伟人、名人的故事。

②学生自己、家长、老师的故事。这类“凡人小事”的优势在于贴近学生的生活，有亲切感，也有感动人的力量。学生分享自己的经历和故事，可以增强班会课的互动性。

③班主任自己的故事。班主任在班会课上讲述自己的故事，极易吸引学生，因为学生总是对班主任充满好奇，他们很想知道班主任的亲身经历。这是其他故事不能替代的。在讲故事时，班主任是一个“大朋友”和“过来人”，重在分享在与学生相似的年龄遇到相似的事时，自己是怎么想、怎么处理的，最后是怎么成长的，有哪些经验、教训可供学生参考。

班主任还要注意，班会课上讲述自己的故事要适度。首先，要有确实适合班会课主题、对学生有启发的故事。其次，不能把讲自己的故事作为一个固定套路。如果每次都讲自己的故事，就会造成学生的审美疲劳，让学生产生“他又要开始讲他的光荣历史了”的感觉。

④富含哲理的小故事。富含哲理的小故事不仅饶有趣味，还能启迪思维，让学生从中悟出道理。

4. 串联故事，构成班会课的主线

设计者可以将多个故事串联起来，形成完整的故事链，从而使班会课更具结构性和连贯性。比如，可以通过讲述不同人物的成长故事来探讨成长的主题。

5. 把握讲故事的节奏

在讲述故事时，可以一边讲一边引导学生思考故事中的问题和主题，可以适时提出一些问题，让学生思考和讨论。讲完故事后，可以引导学生反思和总结。这可以帮助学生将故事中的经验和智慧应用到自己的生活和学习中。

6. 以多种方式演绎故事

班会课要创设与故事相匹配的情境。合适的情境，能够让学生身临其境地感受故事情节。讲故事可以有不同的方式，如配乐配画朗读、由故事

的主人公现身说法、用情景剧把故事表演出来、让学生竞猜故事的结局等。

可以在网络上搜索班会课需要的故事，也可以在平时有意识地收集，还可以查询专门的故事书。另外，课前布置学生找故事、写故事是班会课常规的准备工作之一。

五、好的班会课注重体验感悟

设计班会课时，一定要注意加入体验活动。

体验式教学是指把教学内容在创设的情境中呈现，让学生通过亲历过程或实操理解并建构知识、产生情感、发展能力的教学方法。班会课特别注重学生的体验，甚至发展出以体验为主要手段的“体验式班会课”。虽然不是每节班会课都能设计成“体验式班会课”，但是通过体验获得知识和感悟的确是班会课非常重要的方法。

体验分成直接体验和间接体验。

直接体验在班会课上的运用分为两种。一种是在班会课准备阶段，让学生到现实生活或劳动、工作场所中去亲历、感受，由此获得感悟。然后学生在课堂上分享通过直接体验获得的经验、感悟。另一种是学生在班会课课堂上通过游戏、限时完成指定任务等方式获得感悟。

间接体验主要用于班会课现场，比如模拟生产生活场景、进行角色扮演等。

【案例 9-3】 指路游戏

在教室的空地上设置一些障碍物，如桌子、椅子、桶等，设置起点和终点。游戏时两人一组，一个人用布蒙上眼睛，确保完全看不见，另一个人用语言指引他避开障碍物，到达终点。可以进行计时比赛。

这个小游戏可以让学生体验合作和互相信任的重要性。类似这样的游戏有很多，相关图书和网络上都有介绍。班主任设计班会课时，可以根据主题需要选择使用。

【方法指南】阅读心理、团体辅导类游戏书

平时阅读一些心理、团体辅导类的游戏书，一边阅读一边思考：这个游戏能说明什么问题？可以用在什么类型的班会课上？积累相关的资料对设计班会课很有帮助。

六、班会课的其他创意设计

除了目标明确，主线清晰，环节安排逻辑合理，分析问题、解决问题方法得当以外，每一节优质班会课都有设计亮点。可以说，好的班会课各有各的好，没有两节一模一样的，但是一些设计理念是相通的，比如，层层推进，引发认知冲突，不断引导学生探究思考，最后生成结论，等等。设计效果好的活动也是有一定思路的。比如，要激发学生的兴趣，给学生丰富的体验，引导学生产生共情，等等。

下面介绍三种班会课常用的活动或设计手法。

1. 嘉宾访谈

班会课可以请嘉宾参与，安排嘉宾访谈环节，让学生与嘉宾对话互动。

访谈活动的优点有很多。比如，设计与组织很简单，效果却很好。只要能把“对的人”请到班会课现场，问题就基本解决了。科任教师、学校领导、家长、学长、社会各界人士，无论是专家还是普通劳动者，无论是社会名流还是民工，都可以做嘉宾。

在操作上有三点要注意：

①嘉宾的访谈内容必须围绕班会课主题。嘉宾在这个方面要有独到的见识或经历，这是选择嘉宾的原则。班会课开始前，班主任要和嘉宾沟通，把访谈提纲告知嘉宾，让嘉宾有所准备。

②访谈主持人最好是学生，也可以是班主任和学生联合主持。学生主持人可以是两个，以便互相帮助，互相补充。班主任事先要对主持人做

培训。

③访谈内容和提问顺序应精心安排，与班会课的教育目的一致。班主任事先要对现场提问的问题做必要的筛选，确保问题紧扣班会课主题。尽管如此，嘉宾的回答仍然具有不确定性。所以，访谈环节会有大量的生成，可能会带来惊喜，也会出现冲突、意外，但这也会提升班会课的魅力。

【班会课课例 9-2】 访谈式主题班会课“师话实说”

“师话实说”是一个系列访谈式班会课，创意借鉴了电视上的访谈节目。“师话实说”，顾名思义，就是把老师请过来参与班会课活动，谈谈自己的成长经历、感悟心得、个人爱好，对学生说一些心里话，与学生进行现场互动。

在学校，学生对老师、学校领导的看法是片面而单薄的，同时又对他们感到很好奇。因为教师和领导面对学生时多数是教学、工作的一面，而作为一个普通人，他们在生活中的性情往往被工作所掩盖。有些校领导对学生的管理非常严格，由此带来学生对领导的误解和埋怨。通过这项活动，学生可以更多地了解教师和领导的情况，理解教师的辛苦，学会全方位分析、评价教师。在班会课轻松的氛围中，师生之间的感情可以迅速升温，学生比较容易亲近老师，也能更好地接受老师的指点和教育。对学生而言，教师分享的成长感悟是一笔宝贵的财富。

教师或领导也想改善师生关系，增加亲和度，也有很多话想对学生说，想让学生理解、认可自己。班会课提供了一个对话平台，可以让师生双方畅所欲言，交换信息，相互体谅、理解。

从班主任的角度分析，让学生更多地了解教师和领导，可以改善师生关系，对教育和管理大有益处。

访谈式班会课对主持人的要求比较高，要求主持人机智、灵活，能随机应变，但又不能偏离主题，能恰如其分地把握和调节现场气氛，既不会冷场，也不会造成混乱。

学生和教师，特别是和领导之间地位的差距，使学生很难放开。所以，一开始可以由班主任和有主持才艺的学生共同主持。班主任要指导、培训学生主持人，等学生主持人可以独当一面时，就可以由学生独立主持了。班会课一般设两个学生主持人，一个相对固定，经验丰富，能力较强；另一个可以根据嘉宾的特点安排。比如，若数学老师是访谈嘉宾，可以让数学科代表做主持人。与嘉宾关系好的学生也是第二主持人的较好人选。

班会课情况如下。

一、班会课准备

①请教师或学校领导做访谈嘉宾

开学初可列出拟访谈的嘉宾名单，向全班招聘每次班会课的主持人，安排访谈的大致时间，以便学生事先准备资料和访谈计划。每次班会课设两位主持人，便于互补。

②主持人向拟访谈的嘉宾征询意向，征得同意后，提前一个星期向嘉宾发邀请，和嘉宾商议、确定时间并进行初步采访。在班会课的前一天，再次提醒嘉宾做好出席准备。班会课当天，由一位主持人陪同嘉宾到达现场。

③主持人了解嘉宾的情况，设计访谈环节，制作课件。根据不同的嘉宾和访谈内容设置不同的背景音乐。

④学生事先准备好向嘉宾提出的问题，班主任把关。

⑤班会课前布置教室。通常学生呈U形围坐，前方安排嘉宾和主持人的桌椅，让嘉宾坐着接受访谈。

二、班会课流程

①课间在大屏幕上打出欢迎词，播放背景音乐，等候嘉宾的到来。

②请嘉宾入场，主持人开场，致欢迎词，宣布访谈开始。

③主持人介绍嘉宾身份，包括获得的荣誉和奖项等。

④第一个板块，由主持人按既定方案采访嘉宾，以嘉宾讲话为主。(占三分之二的时间)

⑤第二个板块，互动交流。学生向嘉宾提出各种感兴趣的问题请嘉宾回答。(占三分之一的时间)

⑥主持人总结或班主任点评，向嘉宾表示感谢并赠送小纪念品，嘉宾寄语全班学生，班会课结束。

三、班会课后记

这个系列访谈式班会课现场效果很好，笑声、掌声不断。学生很喜欢听老师讲他们的成长经历、成长中的烦恼以及工作中的困惑，提问也很大胆。受邀的嘉宾包括本班科任教师、年级主任和校长。

“师话实说”的嘉宾是学生身边的专家、明星，聊的是贴近学生生活的话题。这为端正班风、打造班级文化和创建新型师生关系等做出了贡献。

2. 微辩论

辩论活动一般适合初中以上的学生。

辩论通常有固定的规则和流程。因时间有限，班会课中的辩论（作为一个环节）只能是“微辩论”，很难超过10分钟。这就需要简化流程，省略一些步骤。如果设计者想在班会课中安排一场“微辩论”，就需要参加辩论的学生认真准备，把握好时间和节奏。

在班会课中加入辩论是难度较大的操作，但一旦成功，效果也会很好。两难问题、利弊问题都可以作为辩论的题材。

【案例9-4】“理想”主题班会课中的辩论环节

主持人：每个同学对理想这个概念都有印象或者定义，但却不是每个人都有理想，甚至有的同学觉得，没有理想也挺好的。今天我们来就这个问题进行一次小小的辩论。辩题是：正方——人一定要有理想；反方——人可以没有理想。

现在正反方相对而坐，用2分钟时间讨论、整理观点，之后进行辩论。辩论程序为：

①正反方代表开篇陈词，各1分钟。

②自由辩论。正反两方各有2分钟时间。一方时间用完后不得再发言；另一方可以继续用完自己的时间，也可以不用。

③正反方代表总结陈词，各1分钟。

这场微辩论（8分钟）很成功。场面热闹，双方都展示了较高的辩论水平，出色的即兴发挥赢得了热烈的掌声。

（案例提供：南京市第二十七高级中学钱希卓；收入时有改动）

要想微辩论取得好效果，必须具备几个条件：

①辩手有一定基础，最好参加过辩论赛。

②辩论前学生要做一定准备，不能临场拿着辩题就上。

③主持人要熟悉辩论程序，要有一定的主持经验；如果没有相关经验，班主任要事先培训。

3. 穿越

“穿越”作为一种文艺创作手法，颠覆了常识，让人感觉很新奇。设置穿越情境，可以激发学生的想象力，促使学生反思。

班会课的穿越设计通常有三种：时间穿越、空间穿越、人物穿越。

（1）时间穿越

时间向前穿越。比如，设想多年后的自己或世界是什么样子，古代人穿越到现代，给未来的自己写信等。这种穿越常用于理想、生涯规划、爱国主义教育、环保教育、感恩教育等主题的班会课。

时间向后穿越。比如，高三的学生给高一的学生写一封信，设想自己回到童年或生活在以前的某个朝代等，常用于学习指导类、养成教育类班会课。

（2）空间穿越

设想自己身处另一个空间，如异国他乡、别人的家庭、某公司等。空间穿越往往用情景剧的方式呈现情境。

（3）人物穿越

让自己变成另一个人，如父亲、母亲、老师等。可以用角色扮演的方法呈现穿越情境。这种设计可以促使学生换位思考，产生共情。

穿越设计的意图是创设一个情境，让另一个时空的自己，站在另一个角度，重新审视现在的自己，解决当下的问题。

【案例 9-5】 主题班会：一年后的我和我的班

一、班会课背景

开学一段时间后，班主任发现虽然新接手的班级整体情况较好，但也出现了不少问题。比如，有的学生之间已经开始有矛盾，关系不和谐；有的学生比较贪玩，对学习不上心，认为才进高一，离高考还远。虽然已经宣讲了班级文化建设的关键词——“公德”“责任”“友善”“合作”，但学生显然还没有真正理解并在行动中落实。

于是，班主任试图利用班会课对学生做一些教育。考虑到不少学生还没有意识到高中三年时间的宝贵、同学情谊的可贵，一年后就将选科分班，班主任决定用穿越的手法，让学生设想一下一年后的自己和所在的班级，希望通过畅想未来，督促学生珍惜现在，拿出行动，解决当下的问题。

二、班会课准备

因为课程紧，学习压力大，学生没有很多时间准备班会课，所以班主任只布置学生写了一篇《一年后的我和我的班》。班主任从学生作品中挑选了几篇好文，让作者做好在班会课上分享的准备。班主任自己也写了一篇。

三、班会课过程

过程十分简单，仅用了叙事共情一种手法。班主任按文章内容排了一个顺序，依次请作者分享，并随机请学生互动，再对文章稍做点评。班会课的前半节波澜不惊，高潮出现在临近下课时。最后一名叫大颖的学生分享的文章把全班同学都感动了。

学生的文章如下（有删节）：

我想我值得

我想我大概是不够聪慧，因为我被一个或许不会有人想过的问题困扰了很久——值得吗？只是短暂的岁月，一年后的我们就分别了。可仅仅为了这样短短的时光，老师却那样用心地教育我们，同学们却那样热情地搭建一座座名为缘分的城堡。这样做值得吗？

每一天，每一刻，时钟的秒针从不曾静止过，生活的舞台更不曾谢幕，所有的生命都在上演这样那样的戏剧。我们多有缘，茫茫人海相聚到一起，我们将一生中最华丽、最热血的岁月献给彼此。我们会放肆地大笑，动情地落泪。

我们，在一起。

在一起的每一秒钟都不会是空白，都需要去珍惜，去体会。我的耳畔，跳动着那些由陌生到熟悉的声音。我的眼睛里，活跃着那些由拘谨到开放的笑脸。我的脑海里，流淌着那些由空白到充实的记忆之河。有几个恍惚的瞬间，我感慨自己居然已经是一名高二的学生了，已经清楚这所学校的风格，交往了那么多可爱善良的同学。

我笑得那么灿烂，过得那么认真而有意义。

这一年绚烂而充实的时光，成为人生宝贵的财富。当二十年以后，我再回首，会清晰地记起，曾有这样一位班主任，有一群特别活泼、特别美丽的孩子是我的小伙伴，有一个特别温馨的班级是我的大家庭——这一切，我都将骄傲地记起。

这是百分之百的值得，我确定。

感谢我们曾经在一起。

我爱你们！

全班对这位分享的同学报以热烈的掌声。此时，学生的全部分享已经结束，也临近下课。正当大家以为班主任会简单小结一下这节课，然后宣布下课时，班主任却说：“同学们，我让大家都写了一篇《一年以后的我和我的班》，但其实这个班也是我的。所以，我也写了一篇。大家想不想听听我的这篇文章？”这句话出乎所有人的意料，愣了一下，同学们都鼓掌说好。于是，班主任开始和大家分享他自己写的这篇文章。这篇文章是以日记的格式写的，时间恰好是一年后的今天。这是典型的时间穿越手法，我发挥了自己的想象力，和学生描述了一年后和学生相遇的场景。阅读时，读者重点理解一下什么叫作“穿越到明天解决今天的问题”，还有就是班主任将自己的情感融入班会课中所产生的共情效果。

班主任的文章如下：

××××年9月15日　　　　　星期五　　　　　晴

早晨，我抱着一摞本子，一头扎进（15）班的教室，却发现眼前是一堆陌生的面孔。我这才意识到，又跑错教室了！

这是开学两周内，我第三次犯这样的错误了。真的老了！

这里已经不再是我的班，我的班解散了。

那些熟悉的身影呢？你们去了哪里？而我，为什么还总是来这里？是因为在这间教室里发生的那些故事，还是因为这里曾经有我牵挂的人？

我正尴尬地想着要退出去，却看见子璇和小英手牵手走了过来。

子璇笑嘻嘻地说：“老班，你又走错教室了！”

小英却道：“老班哪里会错！明明是想我们了，来看我们的！”

真好！谁能想到，今天这对好姐妹，一年前是冤家！军训第一天就吵得不可开交，从此冲突不断。一个班的同学，有什么疙瘩不能解开？我知道，你们那么优秀，其实是惺惺相惜的。要的那点儿面子，就像一层半透明的薄纸，轻轻一捅，便开了……

（班主任在读这段话的时候，眼睛似乎无意地看向这两个正在闹矛盾的同学，发现她们羞红了脸，低下了头。后来，一件神奇的事发生了，一年后她们果然分在了一个班，而且已经冰释前嫌，成了好朋友。其实，班主任研究过这两个同学的智能倾向，发现她们都很优秀，而且学习上的强项、弱项也差不多，估计这两个人以后还会在一个班，于是就设计了这段穿越文字，希望以此帮助她们和解。事实证明，确实起到了这个效果。这是后话。）

上楼时，我看见一个熟悉的身影，那个身影经常活跃在篮球场上，他精湛的球技曾赢来声声喝彩。赢得年级篮球赛冠军的那一天，我们拥抱在一起。我们曾经如朋友般亲近，他甚至和我谈起过那个喜欢他的女孩。而帅气的他，为什么不像子璇和小英那样迎着我走来，而是躲开了？于是我也只好装作没有看见他的样子，其实我心里是明白的，他看见我了，只是多少有些不好意思。

有什么不好意思的呢？不就是因为从重点班落到了普通班吗！还记得我说过的那句话吗？——年轻没有失败！何况，他才高二。路还很长，机会还很多。不过，真的是一年的交流也没有拉回他那颗贪玩的心。他以为我伤心，因为他辜负了我的期望？不会的。每个人都用自己的方式走完高中，谁都不能替代你做你自己的事。只是，有些机会失去了就不会再来。一年，他知道失去了什么，这就是最大的收获。如果他想要找回来，还来得及！

（班主任说罢，也“无意”地看了一眼那位贪玩的同学。接着，面向全班同学。）

我的孩子们，曾经在这间教室里的，都已散去。不知道你们会不会也跑错教室。或许是因为才换了主人不久，这间教室原先的一些布置，依稀还在，我们班曾经的标语也还在。一年前小钱和大志站在课桌上贴标语时的情景，仿佛就在昨天。

（穿越了，其实就是在昨天。）

我记得很清楚，标语上墙后，大志还细心地用衣袖擦了一下板子上的浮尘。而你们是不是带着这些字（指班级文化建设关键词：公德、责任、友善、合作），离开我们班的呢？多年以后你会告诉你的孩子，这间教室里曾经发生过的故事吗？尽管有那些恩恩怨怨、分分合合，而我们却一直在向前！

前两天大志看见我问：“老班，你现在带几班啊？”

我几乎有些惭愧地说：“今年不做班主任了……”

长期超负荷工作让我过于劳累，身体发出了警告，我不得不休息一段时间，我也因此失去了我的班。真的有些舍不得。我真想带着你们冲锋陷阵，决战高考。但或许，我真的该歇歇了！

记得放暑假前，我最后一次来到这间教室，宣布每个人的去向，然后说，我以后就再也不是你们的老班了。你们说："不！你永远是我们的老班。"

谢谢你们陪我走过了一段美丽的旅程！我很幸福。

忽然想起，今天是大颖的生日。生日快乐！答应我，要好好的！我们都要好好的，天天快乐。因为有你，至少还有你！

（此时，背景音乐《至少还有你》响起。片刻之后，伴随着优美的旋律和歌声，班主任继续读完最后几句。）

我一定会听你们的劝告，爱惜身体；等恢复健康，再做老班。虽然不带你们了，但是我想，还是会有一群像你们一样可爱的孩子围在我身边。而你们，长大了，飞走了。

从这里起步，去搏击未来！

我爱你们！

（班会课在优美的《至少还有你》中结束。之所以把大颖的文章放在最后分享，除了文章确实好外，班会课这天正好是她的生日也是重要原因。这是班主任特意选择的。且班主任日记的最后一句和大颖文章的最后一句一致，这样前后呼应，实现了极佳的效果。）

思考与实践

1. 用向前穿越的手法设计一节班会课，让学生给未来的自己写一封信，培养学生珍惜时间和珍惜友情等情感。

2. 试着邀请自己班的一位科任教师到班级里做一次访谈。

3. 就班级管理中的问题组织一场辩论，让学生畅所欲言，并用这个方法澄清一些班级管理的理念和思路。

- 设计一节优质班会课
  - 优质班会课的特征
    - 目标明确且达成度高
    - 能提升学生的能力
    - 能帮助学生解决自身的困惑、问题
    - 能打动学生的内心，培养学生美好的情感
    - 学生对班会课的教育内容和活动形式认同感强
    - 互动性强，学生参与度高
    - 有趣且有吸引力，班会课现场气氛热烈而融洽
  - 设计优质班会课的要领
    - 明确的目标
    - 清晰的主线
    - 理性的分析
    - 真挚的情感
    - 感人的故事
    - 有效的情境
    - 真实的体验
    - 创意的活动
  - 让班会课充满真挚的情感
    - 情感对班会课的意义
    - 在班会课设计中注入情感
    - 班会课情感的现场表达与传递
    - 班会课情感目标的达成
  - 好的班会课一定有好的故事
    - 故事要与主题相关
    - 故事要生动有趣
    - 不同的故事发挥不同的作用
    - 串联故事，构成班会课的主线
    - 把握讲故事的节奏
    - 以多种方式演绎故事
  - 好的班会课注重体验感悟
  - 班会课的其他创意设计
    - 嘉宾访谈
    - 微辩论
    - 穿越

第十章

综合运用——各类班会课的设计思路与案例

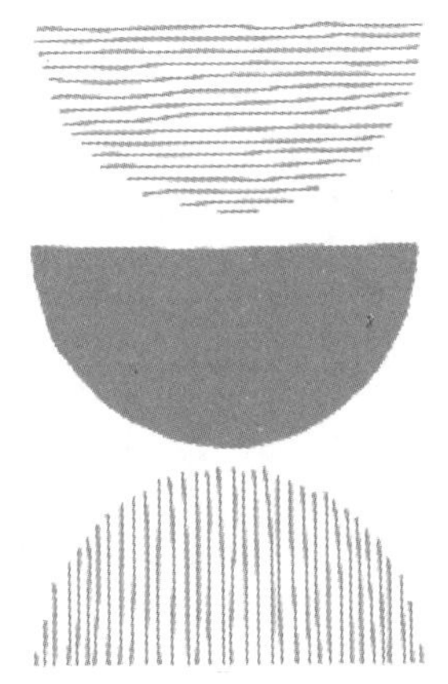

前几章分别介绍了主题班会课每个环节的设计方法，本章将各种方法综合运用到几类常见的班会课设计中，并完整呈现这些班会课的设计方案和现场实录，希望读者能举一反三。

本章将讨论以下内容：

1. 如何利用班会课制定班级管理规则。
2. 防止校园欺凌班会课的设计。
3. 如何利用主题班会课教育学生管理好手机。
4. 务虚型班会课的设计方法与实例。

【班会课课例 10-1】说说规则那些事（上）

本节课属于解决班级问题的务实型班会课。此类班会课的主要活动是班级议事（公正团体法）和案例分析。此外，产婆术、角色扮演法、社会行动法也常常用到。

班级管理需要有规则。本节课可以看作所有含制定规则内容班会课的一个模板。

通过这节课的学习，学生可以理解运用规则处理班级或个人之间问题的理念，掌握制定规则的一般方法，以及一份严谨的规则应该包含的基本要素。这类班会课结构简单，条理清晰，学生也不必事先花很多时间准备，仅凭课堂生成就基本上能达成教育目标。

一、班会课过程

环节一：主题引入

主持人：请说说我们身边的规则。

学生轮流回答，列举各种规则。

主持人：请大家想象一下，没有规则的社会是什么样子。

学生回答后，主持人小结并引出本节课的主题——说说规则那些事。

环节二：问题呈现

主持人：什么是规则？

学生回答后课件出示规则的定义：规则是大家共同制定、公认或由代表统一制定并通过的，所有成员共同遵守的条例或章程。

主持人请学生仔细阅读并提出问题：怎么制定规则？

①规则应该由谁来制定？（大家共同制定）

②老师或学校能不能直接制定规则？（可以，因为规则也可以由代表制定）

③如果由老师制定规则，他代表的是谁？（全班学生）

主持人：老师当然可以制定规则。但是，他制定的规则要代表和维护全班同学的利益。

④规则是怎么通过的？

大家讨论、制定规则的方式有鼓掌、举手、投票表决等。主持人引导大家分析每种方式的利弊。最终确定，以投票为主要方式，超过 50% 的人同意就可以通过。也可以用其他方式或改变比例，比如要三分之二通过才行等。总之，以班会课当场生成的结果为准，班主任可以适当引导。

环节三：问题分析

主持人：规则应该包括哪些内容呢？我们先来看一个案例。

案例：某教师（女）在班里规定，谁迟到了就要罚做俯卧撑，迟到 1 分钟做 1 个。结果，没过几天，这位老师自己迟到了 20 分钟。老师说：

“我今天因为一些意外情况迟到了。迟到 20 分钟，按规定，要做 20 个俯卧撑。下课就做。”学生以为老师是开玩笑，但是下课铃响起后，这位女老师真的一口气做了 20 个俯卧撑。大家纷纷点赞，说老师以身作则，率先垂范。

小组讨论：这位教师的做法，好在哪里？有没有问题？如果有，问题是什么？

预设：教师的做法好在公平，她带头遵守规则，给学生做了很好的示范。问题在于：第一，这个规则的制定在程序上不够正义，事关全体师生的规则却没有和学生讨论；第二，即使由教师代替学生制定规则，也应该考虑全体学生的利益，而不是只根据自己的想法制定。这条规则对那些不能做俯卧撑的学生非常不友好，他们难以承受这项惩罚。所以，这个规则的内容也缺乏正义。

主持人：通过刚才的讨论，我们可以得出一个结论——规则必须保证公平、正义。那么，如何制定出一份公平、正义的规则呢？我们还是以“迟到”为例进行讨论。

环节四：问题解决

①主持人引导：任何规则都必须对所规定的问题做出界定，要有一定标准，这样才能保证公平。比如，什么叫迟到？如何判断某个同学迟到了？

主持人给出四个时间点供大家讨论：打预备铃时还没有进入教室；预备铃结束到打正式上课铃之间进入教室；正式上课铃响期间进入教室；正式上课铃结束后还没有进入教室。

学生以压倒性优势通过，将第四个时间点作为迟到的标准。

②继续小组讨论：迟到了如何处理？请提出本组的意见。

主持人给出引导提示：以一星期为一个统计周期；第一次迟到和多次迟到的处罚应该不一样；对迟到的处罚要与迟到行为有关，不要毫无关联，比如，罚迟到的学生跑步，这两种行为就毫不相干；每组至少提出三条建议。

③各小组展示讨论结果。

主持人：课后我们将汇总各组的建议，老师也可以加入自己的建议，制定出一套惩罚迟到行为的措施，然后再请大家投票表决。

接下来，主持人问大家，有没有人对迟到了要接受处罚有意见。

（设计这个环节的意图是，让学生对规则的意义有更充分的理解。）

学生思考后可以说出自己的想法。如果有人提出意见，可以继续讨论：哪些情况迟到了可以免于处罚？如何确定这些情况属实？

（班会实录：有学生提出，如果是因为不可抗力或特殊原因迟到，不应该受到处罚。大部分学生认可。但有学生提出异议，说这些情况难以认定，会让人钻空子。一番讨论后，主持人提出建议：是不是可以给每个人一定的免于处罚的机会？比如一个星期一两次，不用特别强调原因。免于处罚的机会用完再实施处罚。这个建议得到了大家的支持。还有人提出，如果可以拿出证据证明是特殊原因导致了迟到，可以不占用免于处罚的指标，这也得到大家的赞同。这节课的气氛是非常民主的。）

主持人：已经把大家的建议全部记录下来了。整理后的补充建议与规则将一并表决通过。

环节五：班会课小结

①我们的生活离不开规则。

②规则要公平、正义。

③班级规则大部分情况下应该经过大家商议后表决通过。

④规则制定了就要严格执行。

⑤规则是可以修改的。

最后，主持人告诉学生，还有很多关于规则的问题，下节课将继续讨论。[为下节课“说说规则那些事（下）”做铺垫。]

环节六：班会课作业

假设你是规则制定人，请运用本节课学到的知识，结合自己的理解，为班级制定一份午休管理规则。

二、班会课后续

课后经过整理，班级关于迟到的规则制定完毕，包括三个部分：迟到的认定标准；迟到的处理办法；规则的补充说明。

具体内容略。

图 10-1 是主题班会课“说说规则那些事（上）”的流程图。

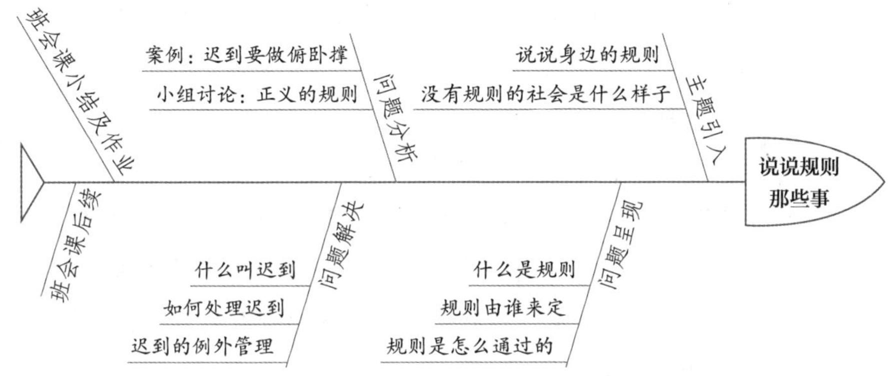

图 10-1　主题班会课“说说规则那些事（上）”的流程

【班会课课例 10-2】对校园欺凌说“不”！

这节班会课属于班级建设类班会课。校园欺凌并不少见，危害也很大。近些年，大家都很关注这个话题。这节班会课的主题是热点问题。通过观摩这节课的设计，不仅可以学习到道德叙事法、角色扮演法、社会行动法等多种活动手段在班会课中的综合运用，它的主题本身也很有现实意义。

一、活动背景及对象

初一刚刚组建不久的新班，开始时同学们互相不熟悉，班内还是一派和谐景象。随着同学们对初中生活以及同学、老师的熟悉，问题渐渐暴露出来，有用书敲同学头的，有给别人起外号的。

最近A同学在周记中向班主任倾诉，说在宿舍遭到B舍友的欺凌。B舍友常常要求A把自己带回来的零食给他，不给就威胁要打A。班主任找B谈话时，B认为自己没动手，不算欺负A。

另外，有几位女生在宿舍里拉帮结派，针对一位比较内向的女生，给她起外号，偷偷散播有关这位女生的谣言，还经常在这位女生晚回宿舍时，不给这位女生开门。这位女生非常委屈，来找班主任哭诉。

针对以上问题，班主任决定开一节“对校园欺凌说‘不’！”的班会课。

二、课前思考

这节关于“校园欺凌”的主题班会课，目标侧重“认知目标和行为目标”，即“明理，导行”，正确看待校园欺凌，杜绝校园欺凌事件发生。对“明理，导行”这样的班会课适合的方法是，通过叙事或对话达到“共情”，用角色体验、换位思考、视频呈现等形式感受欺凌者和被欺凌者的心情，先调整认知再引导行为。

三、班会课目标及重点、难点

1. 认知目标：对校园欺凌有清晰的认识，认识校园欺凌产生的原因，认清校园欺凌带来的负面影响。

2. 情感目标：学会转换角度、换位思考，建立融洽的人际关系，营造和谐的班集体氛围。

3. 行为目标：减少或杜绝班级欺凌现象，学会关心和善待他人，与人友好相处，欺凌者和旁观者在受到欺负时懂得如何应对。

班会课重点：学会正确面对校园欺凌、保护自己的方法。

班会课难点：如何引导学生换位思考，让学生真切体会到那种被欺凌的感受。

四、班会课准备

1. 准备两个关于校园欺凌的视频。

2. 设计一份“关于欺凌行为发生原因”的调查问卷。

3. 排练四个关于校园欺凌的情景模拟。

4. 拟定一份反校园欺凌的倡议书。

附：校园欺凌情景模拟内容

1. 不喜欢香油的他

语文课上学习了杨绛的《老王》，其中有个情节是老王给作者一家送香油、鸡蛋。我们班一位男生名字与“香油”的谐音很相似，同学们就开始叫这位同学“香油”。甚至上课回答问题或者是上台领奖时，底下的同学也“香油”“香油”地叫。这位男生非常不喜欢这个绰号，很苦恼。

这个模拟反映的是“语言欺凌”。

2. 谁动了他的零食

小 A 与小 B 同在一个宿舍。小 A 每周都带很多零食回来，小 B 常常要求小 A 把零食分给他。当小 A 不给小 B 时，小 B 就会威胁小 A，说不给零食就打他一顿。平时在宿舍和课室里，小 B 也经常把作业本卷成筒拍小 A 的头。小 B 人高马大，小 A 敢怒不敢言。

这个模拟反映的是“身体欺凌”。

3. 孤独的她

小 C 是一位比较内向的姑娘，平时不大与同学交流，下课了也只喜欢一个人静静地在座位上看书。同宿舍的几个女孩子喜欢拉帮结派，看到小 C 一个人，也不参与她们的活动，便在小 D 的鼓动下，偷偷散播有关小 C 的谣言。小 C 把这件事告诉了班主任，班主任批评了小 D 她们，结果小 D 她们反而心生恶意，越来越针对小 C，不仅鼓动其他女生不跟小 C 搭话，小 C 晚回宿舍时，还不给她开门，甚至偷偷往小 C 的被子上泼水。

这个模拟反映的是“关系欺凌”。

4. 被丑化的表情包

在前往户外研学基地的车上，小 E 觉得正在补觉的小 F 的睡姿特别好笑，就偷偷拍了下来发到班群里。许多同学也觉得很好笑，小 A 很得意，就用软件把小 B 睡觉的图片做成表情包，在班级群里散播。一传十，十传百，小 B 被丑化后的睡姿表情包越传越广，同学们的肆意嘲笑、丑图的传播，都让小 B 特别难受。

这个模拟反映的是“网络欺凌”。

五、班会课过程

1. 视频导入，设置情境

播放视频“某小学欺凌事件经过”。

设计意图：引用视频，真实、直观，迅速吸引学生的注意。

2. 欺凌行为发生的原因

发放“欺凌行为发生的原因问卷调查”给学生，迅速完成后统计数据。

设计意图：在课前的聊天中，班主任发现大部分欺凌的原因都是因为感觉好玩、威风，觉得自己在欺负他人时能够吸引人围观，“像老大”，等等。根据调查问卷的结果，班主任提问同学们：“你认不认为这像老大？”同学们回答：“根本不会认可他，而更想鄙视他。”这个环节能够让班上还存在这种心理的同学对其不当的行为有清晰的认识。

3. 校园欺凌的类型及危害

①情景表演：校园欺凌四场景。表演结束，学生展开讨论并发言。

设计意图：这几个场景都曾经在我们班发生过，情景重现，能够让学生清楚地意识到这些行为就是校园欺凌行为，并且部分扮演被欺凌者的同学曾经是欺凌者，通过角色互换能够让他更深刻体验到被欺凌时的感受。

②请学生思考并回答：以上的欺凌发生之后，如果你是被欺凌者，你的感受会是怎样的？对被欺凌者都会有哪些伤害？

③采访几位在场景表演中受欺凌的同学，请他们谈谈感受。

④播放视频“某中学生因被欺凌在学校跳楼自杀”。

设计意图：让学生通过换位思考理解校园欺凌给他人带来的伤害。警醒学生，平时的欺凌行为有可能酿成难以挽回的后果。

4. 面对校园欺凌怎么办

让悲剧不再发生，为杜绝校园欺凌献计献策。

分组讨论：

①被欺凌者、旁观者可以做哪些努力？

②欺凌未发生有哪些可以注意的？

③欺凌发生中应该如何应对？

④欺凌发生后可以采取什么行动？

5. 班会课小结

应对欺凌，我们必须增强五个意识：

第一，要有依法的意识。违法行为是不受法律保护的。

第二，要有强烈的自我保护意识。

第三，要有方法和策略意识。在力量悬殊的情况下，切记不能蛮干。

第四，要有见义勇为、见义智为、见义巧为的意识。在保护自身安全的前提下对他人实施救助。

第五，要有强烈的报告意识和证据意识。及时上报并注意搜集证据，在需要的时候出示。

6. 班会课结束

宣读倡议书“行动起来，对校园欺凌说‘不’！”，每个同学在倡议书上签名。

（案例思路提供：广东省佛山市南海区小塘中学，李信；本书作者整理、修改。）

图 10-2 为主题班会课“对校园欺凌说‘不’！”的流程图。

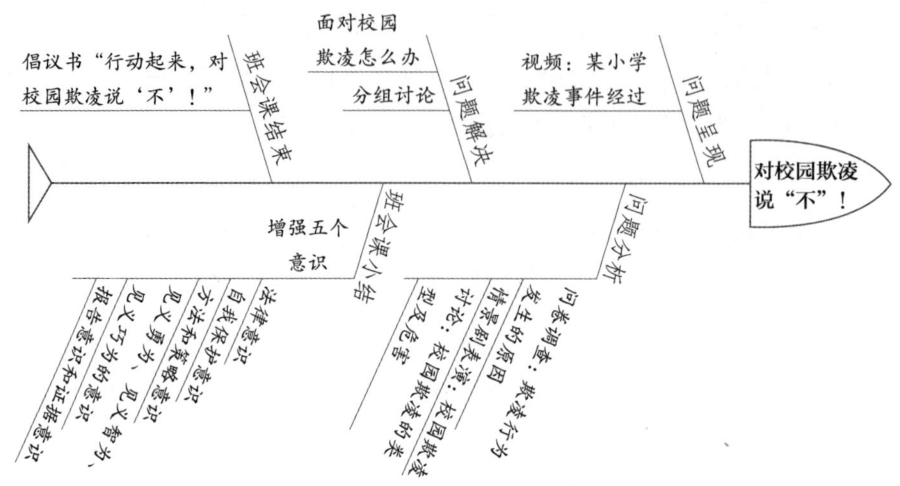

图 10-2　主题班会课“对校园欺凌说‘不’！”的流程

【班会课课例 10-3】当“机”立断，我的手机我做主

手机管理一直是班级管理中的难题，家长和学校的“教育”几乎是没有效果的。这主要是因为家长和老师采取的一些“教育行动”，学生并不认同。

手机管理的核心是自我管理，引导学生对手机进行自我管理才是关键。手机管理是系统问题，不可能用一个办法就能解决，好的班会课能起到一定作用。以主题班会课为核心，利用“班会 +”的理念，建立一个手机管理微观系统，可望取得较好效果。

本节班会课运用了心理学、教育学的原理和方法，从班会课现场和后续情况看，效果不错。

一、课前思考

本节课属于务实型养成教育类班会课。这类班会课的重点在于解决实际问题。班会课设计者要对学生使用手机持有理性的态度。如果只谈使用手机的危害，班会课是不会真正有效果的。把手机视为“万恶之源”是荒唐的，这种思想不可能让学生信服。

在教育学生前，班主任首先要分析学生的问题。

我们再也不可能回到没有手机的时代了。实际上，现代人离开了手机几乎寸步难行。一个连手机都不会用的学生能说是现代社会的学生吗？所以，对手机是合理使用问题，而不是禁止问题。

学校管理学生的手机依据的应该是《教育部办公厅关于加强中小学生手机管理工作的通知》（以下简称《通知》）。教育部出台《通知》的目的非常明确：“随着手机的日益普及，学生使用手机对学校管理和学生发展带来诸多不利影响。为保护学生视力，让学生在学校专心学习，防止沉迷网络和游戏，促进学生身心健康发展……”

仔细研读《通知》，能发现不少有价值的信息。《通知》要求学生合理使用手机，“有限带入校园”（并非禁止），“原则上不得将个人手机带入校园。学生确有将手机带入校园需求的，须经学生家长同意、书面提出申请，进校后应将手机交由学校统一保管，禁止带入课堂”。同时明确要求学校应细化管理措施，加强教育引导。学校要有具体的管理办法，统一的保管场所、方式、责任人，提供必要的保管装置，还要提供各种设施满足学生与家长的通话需求。《通知》强调学校要加强教育引导（特别指出以“班团队会”的方式），提高学生的信息素养和自我管理能力，避免简单粗暴的管理行为。

所以，学校对学生的手机不能“一禁了之”，而应该有一整套教育管理措施。召开关于手机管理的主题班会课自然就是其中一项，而且教育重点在于提高学生的“自我管理能力”。

部分学生沉迷手机的原因如下：

①自控能力不够（其实成年人也存在这个问题）。

②学业负担太重，学生极其厌倦，疲惫不堪。

③学生课余活动很少，社交时间也被挤压，只有手机可以随时满足学生放松休息、娱乐和社交的需求。

无视这些事实，只用简单的规训、处罚，不可能从根本上解决问题。

综上，班主任对手机管理工作的定位要明确。学生完全可以正常使用手机，班主任要引导他们对手机使用进行自我管理，把使用时间控制在合理范围内。

既然班会课的重点是"自我管理"，班主任应介绍一些自我管理的理论，并进行方法指导。

二、班会课设计与班会课过程实录

1. 课前问卷调查与访谈

班主任首先要对学生使用手机的情况和他们对手机管理的想法有所了解，才能有针对性地加以引导。为此，班主任首先要设计问卷。

高中生手机使用情况调查问卷

1. 你有手机吗？

2. 在假期或休息日，你一天使用手机大约多久？

A. 8 小时以上　　B. 5—8 小时

C. 2—5 小时　　D. 1—2 小时

E. 几乎不用

3. 你的手机主要用于（可选三个）？

A. 学习　　B. 玩游戏

C. 购物　　D. 看娱乐资讯

E. 刷视频　　F. 聊天

G. 其他

4. 你的手机用于学习（如上网课、查资料）的时间约占总使用时间的________？

A. 70%以上　　B. 40%—70%

C. 10%—40%　　　　　　　D. 10% 以下

5. 描述一下你对手机的依赖程度________

A. 严重依赖，机不离手　　　　B. 比较依赖，每天要用

C. 没有依赖

6. 手机给你带来的益处有哪些？

7. 手机给你带来的不利影响有哪些？

8. 你有控制手机使用时间的想法吗？

9. 请写出你最常使用的 4 款手机软件。

接着，访谈部分学生，主要是了解他们对手机自我管理的看法。

2. 班会课设计思路

问题呈现：小结本班学生使用手机的情况，让学生感受到问题的严重性。

问题分析：通过理论分析和情景模拟让学生理解自己难以控制使用手机的原因。

问题解决：通过小组讨论研究手机自我管理的方案，重点在于保障计划执行的措施。

班会课主要活动：数据分析、理论解读、情景模拟、小组讨论等。

3. 班会课过程与现场实录

[主题引入与问题呈现]

①生“机”勃勃——迅速发展中的手机。展示各代手机的图片或实物及它们出现的年代，让学生感受手机更新换代的速度。

②“机”不可失——手机与现代生活的关系。学生介绍手机的各种用途及它给工作、学习、生活带来的便利，说明现代人已经不能离开手机。

③费尽心“机”——国家为青少年的手机使用问题操碎了心。展示教育部的《通知》，提出问题：既然手机给我们带来了如此多的便利，为什么国家还要专门出台文件要求加强中小学生的手机使用管理呢？

机不离手——用数据说话。

第一组：据 2018 年的一项数据统计，我国 68.1% 的中小学生拥有智能手机，我国城镇未成年人上网比例为 95.1%，未成年人 92.0% 的上网是通过手机实现的。

第二组：展示问卷调查统计结果。本班学生假期在家每天使用手机时间：90% 超过 2 小时，52% 超过 5 小时，使用手机最多的在 12 小时以上。

危“机”四伏——展示学生反馈的使用手机对自己造成的不利影响。呈现数据：本班约 80% 的学生对手机有中度依赖，其中有 4% 的学生（2 人）表示自己对手机严重依赖。

播放访谈学生的视频，内容是手机给自己的学习和身体带来的影响。请学生谈谈看视频后的感想。

主持人：我们明明是机主，什么时候却成了手机的奴隶？大家对此有什么想法吗？

继续播放访谈学生的视频。

主持人：大部分同学都有控制手机使用时间的想法。那么，我们应该怎么做呢？

出示班会课题目：当“机”立断，我的手机我做主。

[问题分析]

①我们为什么买手机？

主持人：大家当初买手机是准备做什么用的？

根据调查问卷，购买手机的理由排在前几位的分别是：聊天、刷视频、学习、购物、玩游戏、看娱乐资讯。说明学生买手机主要是为了满足交往、休闲的需求，学习排在第三位。

事实果真如此吗？

主持人现场提问学生每天都用手机做什么。

主持人：经过调查，我们用手机做与学习有关的事占手机使用时间的三分之一还不到。那我们的时间去哪儿了呢？

②说一说我们的时间去哪儿了。

主持人：请大家看图说体会。（参见图 10-3）

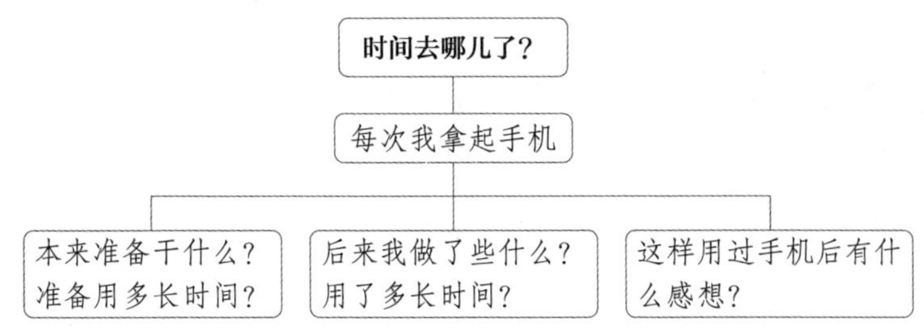

图 10-3　时间去哪儿了？

学生纷纷谈起自己的情况，大家都有同感。比如，一开始只是想回个信息或查个资料，只要五分钟。结果，手机里有很多吸引人的东西，自己拿起来就放不下了，一玩就是两三个小时，结果作业没做完，原来制定的学习计划也没有实现。每次这样用手机后都很后悔，但下一次还是会这样。

主持人：大家对这个问题都有同感。大家知道这是为什么吗？

③“天使”与“魔鬼”的较量。主持人用心理学的有关知识解读这一现象，解读内容来自《自控力》一书的第一章。

主持人：根据心理学的研究，我们每个人虽然只有一个大脑，内心却住着两个自我。

课件展示：一个自我任意妄为，及时行乐，让我们做自己马上就能感受到快乐的事。我们不妨叫它“魔鬼”。

主持人：及时行乐是人的本能，是在长期进化过程中形成的，谁都不能避免。所以，挡不住手机的诱惑你也不必惭愧。但是，人也能战胜暂时的诱惑，为长远考虑，这是人伟大的地方。因为我们的内心还住着另一个自我。

课件展示：另一个自我让我们克服冲动、深谋远虑，知道自己目前真正想要做的是什么。我们不妨叫它“天使”。

主持人：“魔鬼”就是当下的你，想要快乐，但“天使”告诉你，如果你不贪图眼前的快乐，未来的生活会更好。两个自我发生分歧的时候，总会有一方击败另一方。没有哪一方是绝对错误的，只是双方觉得重要的东西不一样而已。

情景模拟："天使"与"魔鬼"的对决。

可以设置一些情境，例如：

你想查一个资料，打开手机后发现你的微信好友给你发消息了。

你正在写作业，手机屏幕亮了，你关注的博主发布了一条新动态。

明天要考试，你正在复习，突然有朋友说某位歌手发了新歌，最近在网上很火。

请若干学生扮演人心里的"魔鬼"，让他及时行乐；另一些学生扮演"天使"，劝他为以后着想，抵制诱惑。让两派角色在以上的场景中争夺某人的时间。

表演结束后，主持人采访当事人：在刚才的争夺中，谁赢了？

当事人：都是"魔鬼"战胜了"天使"。

主持人：下面的同学是不是有同感啊？"魔鬼"好像总是能战胜"天使"。所以，我们总是不能实现我们的长远目标。我们都很痛恨这个"魔鬼"，它耽误了我们的学业，让我们不能完成预定的任务。我们一定要打败"魔鬼"，否则我们将一事无成。今天这节课，我们就一起来研究怎么打败"魔鬼"吧！

④怎么打败"魔鬼"？

主持人：要想战胜它，就必须加强"天使"的力量，也就是我们需要提高什么？

学生：意志力（自控力、自制力、毅力……）。

主持人：是的！但是，我们如果不知道意志力是怎么构成的，就不知道从哪些方面去努力。现代心理学已经研究得很清楚了，人的意志力来自三种力量。

课件展示：意志力的三个来源。(参见图 10-4)

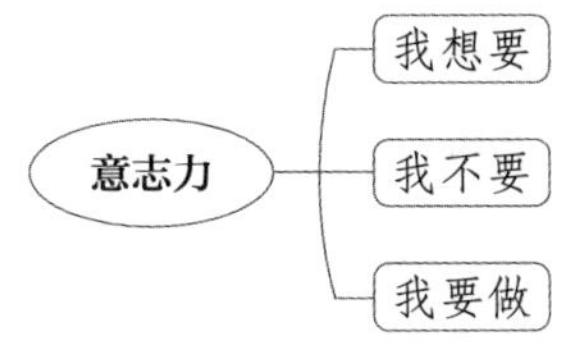

图 10-4　意志力的三个来源

主持人：要想有意志力，首先就要清楚你内心真正需要的东西，它会有一种力量，即“我想要”的力量。为了得到你想要的东西，你就不能做阻碍达到这个目标的事，这样就会有第二个力量——“我不要”的力量。而且，你一定要做能帮助你得到“我想要”的东西的事，它构成了第三种力量——“我要做”的力量。我们不妨把这三种力量比喻为意志力的“三驾马车”。我们只要好好开发、利用这三种力量，就能不断进步，打败心魔，实现目标。

⑤案例分析——寻找我们的三种力量。

主持人先举出一些实例，请学生分析这些案例中的三种力量分别是什么。

主持人请学生自己举例并找一找这三种力量。比如，想要更健康苗条，要做的就是保证休息、锻炼身体、健康饮食，不要吃垃圾食品，不要熬夜打游戏。

结合本节课的目标，请学生寻找合理管控手机的三种力量。例如：

我想要：考取理想的大学。

我不要：过度迷恋手机，荒废了学业。

我要做：合理使用手机，控制手机使用时间。

主持人：如果我们不能驾驭好这三种力量，三驾马车失衡或方向不一致，我们就无法前进。比如，我们明明有“我想要”的目标，但我们做的却都是“我不要”做的事情，而“我要做”的事却不做，我们怎么可能达到目标？又或者，我们连“我想要”什么都不知道，自然就不知道“我要做”什么，“我不要”做什么。

[问题解决]

主持人：控制使用手机的时间，不能靠外界强制，要靠我们自己。

课件展示：如若你想征服全世界，你就得先征服自己。

①每个同学参照自己原来的情况，制订一份新的手机使用时间计划表。(参见表 10-1)

表 10-1　手机使用时间计划表

使用手机时间	上午	下午	晚上	总时长（分钟）
周一至周五				
周末或节假日				

完成表格后，主持人随机询问几位同学：原来每周用手机多长时间？现在计划用多长时间？发现同学们计划的时间都比原来的少了很多。

主持人：制订计划很容易，我们过去也经常订计划，但几乎没有很好地执行过，这也是我们始终难以进步的原因。我们要吸取教训，争取把这次计划完整执行下来。我们已经学习了意志力的三个来源，下面就请大家利用学到的知识，讨论一下如何保证计划的落实吧！

②小组讨论：怎样保证手机管理计划的落实？

主持人提示：要吸取以往失败的教训，把困难想在前面。多想想预案：哪些因素可能影响执行？怎么解决？如果执行有困难，谁能帮助我？如果没有执行计划，我可以怎么办？

各小组将讨论的结果写在卡纸上，每组代表分享本组的建议。

③老师也给出一些建议，这些建议有很多是和大家一致的。比如：

把手机放在你不能轻易拿到的地方。

使用手机时设个闹钟，铃声响起就放下手机。

使用“远离手机”等软件协助自控。

把手机交给爸爸妈妈保管，让家长监督自己。

和小伙伴约定好互相鼓励、互相监督。

每天打卡记录。

想玩手机时做点儿别的事，比如……

坚持一周完成计划给自己一个奖励，比如……

不能完成计划给自己一个惩罚，比如……

[班会课小结]

自控力对人的健康成长和发展都很重要，所以，希望大家记住意志力的三个来源，用“我想要”“我要做”“我不要”来掌控手机。不仅是我的手机我做主，我的人生也是我做主。

4. *课后反思*

本节班会课的目的不是（也不可能，也不需要）完全拒绝手机，而是合理使用手机，强调自我管理。本节课做了两件重要的事以达到这个目的：

①让学生认同合理使用手机的建议，引导学生产生自我管理的意愿。这个相对来说比较容易，因为这属于“知”的部分。中学生都能理解手机有用但不能过度使用的道理。真正困难的是“知行合一”。

②如何做到“知行合一”呢？课堂上可以完成一部分，课后还要跟进。课堂上能做到的是：

理解为什么难以控制使用手机。只有了解了自制力的原理，才能知道问题出在哪里，才能探究如何有针对性地解决。所以，我们运用了《自控力》一书中的有关原理来解释。这个原理比较浅显，学生好理解。

制订手机使用时间计划表，重要的是如何保障计划的执行。前者是“我想要”的力量，而后者则是“我要做”和“我不要”的具体运用。

③课后的跟进行动是非常重要的。课堂上只是“预期的效果”，真正的效果要在班会课后的实践中才能显现出来。持续关注这节课制定的方案的落实情况，不仅可以保证本节班会课的效果，还可以拓展到其他需要用自控力解决的问题上。

（说明：南京市第二十七高级中学的邓惠文老师参与了本节班会课的设计）

图 10-5 是班会课“当‘机’立断，我的手机我做主”的流程图。

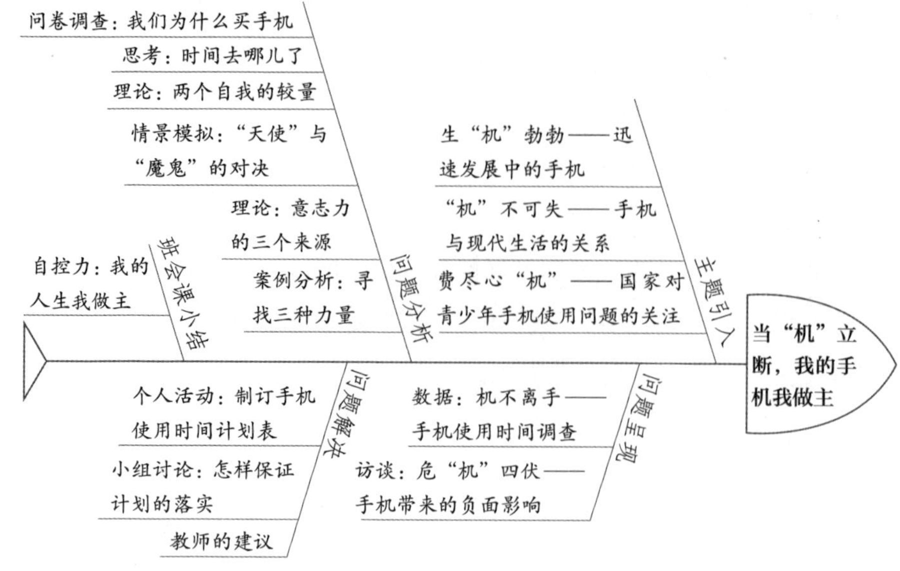

图 10-5　班会课"当'机'立断，我的手机我做主"的流程

【班会课课例 10-4】心怀理想，逐梦远方

本节班会课的主题是"理想"，授课对象是高一学生。本书前些章节已陆续介绍过这个主题同课异构的一些设计片段。本章选择其中一节做完整介绍。

一、课前思考与备课过程

1. 确定课型

为什么要在设计班会课之前先确定课型呢？因为同一个主题可以设计成不同类型的班会课，而不同类型的班会课设计思路有所不同。这节课无疑属于成长指导类班会课，但是按务实型还是务虚型班会课设计，会有很大不同。

（1）按务实型班会课设计

务实型班会课着眼于解决班级或学生的实际问题。这个主题对应的是什么实际问题呢？学生如果没有理想就会混日子，用树立理想来解决这个问题，可以提高学生学习的积极性。这样，理想就等同于目标了。那么，这节课就容易设计成生涯规划课。

按务实型班会课设计，基本思路可以是这样的：什么是理想——人为什么要有理想——如何实现理想。

这三个部分分别对应认知目标、情感目标、态度与价值观目标、行动目标。用素材和活动填充这三个部分。这也是本书强调的基本设计思路。它的优点是中规中矩，比较好上手，设计相对简单。

务实型班会课重在行动，但要“实”中有“虚”——要有理论指导、思想教育、情感渗透、价值观引领。所以，常见的是在班会课中加入名人名言、名人典故、革命前辈的理想故事等。如果处理不当，就容易变为空洞说教。

（2）按务虚型班会课设计

设计者应该思考：这个主题的意义何在？“理想”这个选题试图给学生带来什么教育？针对当下青少年普遍存在的没有远大理想和使命感等问题进行教育应该是本节班会课的主要意图。把这节课设计成务虚型班会课更为合适。理由如下：

“理想”不等同于“目标”。理想是对未来事物的美好想象和希望，是一个比较“虚”的概念，也是个比较宽泛的概念。

理想的意义是丰盈人的精神世界和激励人前行。与“理想”相对的是“现实”，可见理想更多的是“不现实”。正因为它不现实，才对现实生活更有意义。

因此，这节课应该以务虚为主，重在精神引领和价值观引导。

务虚型班会课更要避免落入说教，要“虚”中有“实”，以“实”解“虚”——贴近学生的实际，有实例，有实证。

2. 确定班会课目标和突破教学难点策略

（1）了解学情

设计班会前，班主任需要了解：

①学生怎么理解“理想”这个概念？

②学生的理想是什么？为什么会有这些理想？

③学生怎么看待理想的意义？

故设计学生调查问卷如下：

1. 你有理想吗？（　　）

A. 有　　B. 没有　　C. 有，但很模糊

2. 如果有理想，请写出你的理想是什么：________________

3. 你觉得有理想对高中生重要吗？（　　）

A. 重要　　B. 不重要　　C. 有点影响

4. 你为你的理想付出过什么？（　　）

A. 付出过，并一直努力

B. 付出过，但坚持不下去

C. 觉得没有付出的必要

D. 想过但没有付出过

5. 你实现理想的动力是什么？（多选）(　　)

A. 父母、老师对我的要求

B. 我希望出人头地，将来过轻松、舒适的生活

C. 为了自己的发展前景，实现个人理想价值

D. 想让家人过上好日子

E. 报效祖国，做对社会有用的人

F. 其他：__________

6. 你觉得要想实现理想，最重要的是什么？（单选）(　　)

A. 金钱

B. 自己努力

C. 运气和机遇

D. 人际关系

E. 家人、朋友的支持

F. 其他：__________

7. 你相信你会成功实现自己的理想吗？（　　）

A. 我相信我会成功，因为我有信念的支撑。

B. 我相信我会成功，但是我觉得我的成功与信念无关。

C. 还不知道，因为理想和现实相差太远，信念有时又很空洞。

通过对问卷结果的统计和分析，班主任了解了学生的很多情况：

①很少思考关于理想的问题，对理想的认识是模糊的。

②把理想等同于升学、职业、经济、家庭、生活状态等功利的目标。

③绝大多数停留在个人层面，少数人想到了家人，极少有人想到国家、社会。

④理想与现实是分割的，意识不到理想对现实活动有指引、激励作用。

⑤对实现理想的难度毫无感觉，无视绝大多数人不能实现理想的现实。

根据以上信息和本节课的教育目的，确定班会课目标：

①澄清对理想的模糊认识。

②理解拥有理想对一个人现实生活的重要性。

③理解由个人理想升华到社会理想的必然性。

④愿意为实现理想付出持续的努力乃至一定的牺牲。

（2）本节课的教学难点

①如何避免空洞说教、灌输。

②如何真正让学生理解、认同教育内容而不是迎合教师的说法。

③如何让学生将个人理想与家国情怀联系起来。

（3）突破难点的策略

①用真实的案例让空洞的道理变得实在起来。

②用贴近学生生活的感人故事引发共情。

③用合乎逻辑的手法，由低到高、由近到远逐步推进教育目标，引导学生自发探索，不断思考，产生感悟。

3. 确定班会课的结构与主线

本节课的课型和教育内容宜采用直列式环节安排。根据以上“突破难点的策略③”，围绕“理想”这个主题，这样安排班会课的环节：个人理想→团队理想→社会理想→个人理想再认识。

用一根主线贯穿班会课的各个环节。这根主线可以是一组故事或人物，也可以按照诺丁斯关怀理论中的次序或科尔伯格的道德发展阶段理论设计。为体现形式上的美感，可以用一组排比句或关键词命名各个环节。

本课例是以名人的故事为主线，以普通人、革命前辈的故事为辅线。总之，就是用一组关于理想的故事串起这节务虚型的班会课。这种“以实解虚”的设计可以比较好地提升学生参与的兴趣。设计者并没有随意编排这些故事，而是根据故事的内容和思想，将它们放入各个环节中，即每个环节都有一个主打的故事说明问题。

本节课以名人为主线的安排参见第五章案例 5-6。

4. 安排活动

考虑到本节班会课是务虚型的，为了提高学生的参与热情和兴趣，保证效果，特意安排了情景剧表演、观看视频、故事分享、小组讨论、音乐欣赏等活动。

二、班会课准备

班会课的准备情况如下。

1. 学生准备

①完成调查问卷。(发现基本问题)

②以“理想”为主题写一篇不少于 500 字的小作文。(收集学生与主题相关的更丰富信息)

③学生采访父母：“你们的理想是什么？你们实现了自己的理想吗？”记录他们为实现理想而奋斗的故事。(家长的故事)

④排演一个反映学生生活与理想关系的情景剧。(学生的故事)

⑤排演一个情景剧，通过表演呈现革命前辈的理想。(革命前辈的故事)

2. 教师准备

准备班会课其他素材（比如拍摄视频），制作课件。

三、班会课过程设计与现场实录

1. 问题呈现

（1）主题引入

视频：黄昏时分，两个学生在操场上散步，边走边议论理想，引入本节课主题。两个学生代表两种不同的状态：A 同学有自己的理想，但却在徘徊，感觉理想和现实之间距离遥远；B 同学则对理想没有明确的想法。

设计意图：本节课有多种导入方法，较为普遍的是用网上现成的关于理想的街头采访小视频。以学生真实的生活场景和对话作为导入也是不错的想法，现场效果也证明了这一点，毕竟，看到身边同学出镜还是很有趣的。

主持人：你是怎么理解“理想”这个词的？请用一个近义词或一个比喻来形容。

设计意图：在正式定义前，用打比方的方式可以将抽象的概念具体化，便于学生理解。

（2）理想背后的秘密

①展示根据调查问卷统计出的学生的各种理想，包括教师、律师、服装设计师、科技产品设计师、投资大师、宠物医生、旅行家等。有人说要赚很多钱、过慢生活、拥有自己的房子、家人幸福；有人的理想是考上理想的大学；有人小时候有理想，现在却没有理想了；有人说还“没想好”……

②询问几个学生：为什么会有这样的理想？

③将学生的理想分类：学业理想、职业理想、生活理想等。

2. 问题分析

（1）理想有那么重要吗

①情景剧：遇见理想。

角色：高一学生小叶，小叶母亲，小吃店老板，外卖员小何。

故事情节：星期六晚上，学生小叶“挑灯夜战”打游戏，妈妈埋怨他不学习天天打游戏。母子发生冲突，小叶摔门而出。小叶在外面闲逛到凌晨，走进小区附近一家小吃店准备吃点儿东西。此时，外卖员小何进店取外卖，老板与小何简短的聊天引起了小叶的注意。小何自己创办的店铺马上就要开业了，即将做老板的他依然每天忙着送外卖，一来为了增长经验，二来也为以后店铺的经营积累资金。小叶听着他们的对话若有所思。此时小叶的妈妈一路寻找离家的小叶，也正好来到了店里。小叶、小叶妈妈和小吃店老板的一番对话，让小叶明白了自己每天浑浑噩噩过日子，学习上“三天打鱼，两天晒网”的原因是没有理想和目标。有了理想，现实生活就会变得充实很多。最终母子和解，一起回家商量高考选科的事情。

②小组活动。各小组就以上情景剧展开讨论。

第一，按表 10-2 的提纲对情景剧做分析。

表 10-2　情景剧《遇见理想》人物分析

人物	有无理想	现实状况
高中生小叶		
外卖员小何		

第二，讨论理想与现实的关系。

外卖员小何拥有理想且脚踏实地，成为迷茫的高中生小叶的榜样。这个情景剧反映了理想和现实之间的关系。参与的学生在编写剧本和演出的过程中获得启发，观众在总结主人公经历的过程中也有自己对理想的思考。这个表演让学生意识到：理想是人生的目标、方向。我们也不是为了理想就可以放弃现实，因为现实是实现理想的基础。这是班会课讲的第一个故事：学生和理想的故事。

③故事分享。主持人推举一位学生上台讲故事。学生打出事先做好的课件，上面有故事主人公的照片和简历。故事主人公年近五旬，出身平凡，经历坎坷，因为拥有理想，从不放弃努力，在失败多次后最终获得了小小的成功，一点一点地接近自己的理想。

讲完故事后，分享的学生让同学们猜故事主人公是谁。大家都摇头说“不知道”，也有人猜是某位科学家。分享的学生笑着告诉全班同学：“他是我的爸爸。”同学们发出了赞叹声，同时报以掌声。

这个故事就是从学生的小作文里找到的。班主任事先让这位同学做了准备。这节班会课在不同的班级都开过，每次分享的故事都是本班同学的，没有相同的故事，但都很精彩，也很感人。这是班会课讲的第二个故事：家长和理想的故事。

主持人简单小结一下其他同学在小作文里写的一些故事，这些故事同样感人。虽然因为时间关系不能全部分享，但我们已经知道，人因为有了理想而拥有完全不一样的人生经历。

（2）如果理想实现不了，那它还有意义吗？

主持人：刚才某某同学的故事很精彩。我也来讲个故事。我说说故事主人公的经历，请大家猜猜他是谁。看谁先猜出来。

(具体内容略。)

主持人：故事的主人公如此成功，我想他一定实现了人生理想吧？

播放故事主人公事业遭遇挫折的视频。

最后，故事主人公总结道：“理想就是走向未来的指路明灯。人生的理想不一定能百分之百的实现，但只要有理想拉着你，你就能不断前行，让你走到你自己都意想不到的、更加遥远的将来。”

课件打出，内容是灯塔画面，并配以下文字：“灯塔存在的意义不是为了登陆，而是指引航行的方向。”以灯塔比喻理想，说明理想的意义。即使无法实现理想，也会极大地改变你的人生轨迹。

设计意图：这个环节是一个反转再反转的过程。该环节利用认知冲突，激发学生探索：主人公为什么不死心？他为什么打不垮？这样就再一次凸显了理想对现实的意义。

3. 问题解决

(1)“我也有一个理想！”

这是班会课讲的第三个故事。

主持人推举班主任讲他的理想故事。

班主任没有直接说自己的故事，而是播放了一首歌，说自己的理想就藏在这首歌的歌词里，大家可以一边听歌一边猜猜他的理想是什么。

《相亲相爱的一家人》音乐响起。

学生从歌词中猜测班主任的理想是拥有和谐美满的家庭，但是班主任却出示一张班主任和全班同学的合影。班主任紧接着说：“我的理想就是把我们的班级变成一个温暖、友爱的大家庭！”

学生报以热烈的掌声。接着，班主任简单讲述了自己做教师的故事，从一开始的工作理想是班上多出几个大学生，到后来的理想是同学们幸福成长。这个环节取得了很好的共情效果。

设计意图：调查显示，绝大多数学生的理想都是个人的理想职业或幸福生活，这个环节的设计意图是想让学生把理想从个人层面上升到为更多人的幸福而奋斗的层面，并为讨论社会理想的环节做铺垫。

(2) 我们如何实现理想

播放在街头采访的小视频，内容是一个孩子问了很多成年人：“你的理想是什么？你实现理想了吗？”所有人都给出了否定的答复。

主持人：从我们对父母的采访中也能发现，绝大多数人并没有实现自己的理想。为什么理想无法实现？有人说可能是因为我不够努力。但是，很多人尽管很努力，还是没有实现理想。

小组讨论除了个人奋斗，实现理想还需要哪些条件？

小组代表发言。

主持人总结：人要有理想，这是必然的。但实现理想也有一些偶然性。除了自身的努力，重要的还有好的机会、资源，他人的帮助，好的环境，甚至还需要一些运气。也就是“天时、地利、人和”。这些因素中，大多数是不可控的，而有些则可以通过大家共同努力获得。

设计意图：这个环节既要讨论实现理想的条件，让学生意识到在实现理想的道路上，自身的努力固然是重要的，但也离不开他人的帮助和良好的社会环境，同时也为下一个环节打下基础。下一个环节要讨论个人理想与社会理想的关系。

（3）他们的理想是什么

主持人出示一组照片让学生猜他们是谁（青年时代的陈独秀、李大钊等人），公布答案后问："大家知道他们的理想是什么吗？"

组织角色扮演活动，由学生扮演陈独秀、李大钊等人，重现电视剧《觉醒年代》第 38 集陈独秀和李大钊带领青年学生游长城时，陈独秀发表关于理想新社会演讲的场景。（如果没有合适的表演者，可以直接播放视频。）

这是班会课的第四个故事——革命前辈的理想。

紧接着播放视频《理想》（庆祝建党百年电视宣传片）。

主持人：结合前面讨论的实现个人理想的条件，请大家思考：这些革命前辈的理想和我们的理想有什么不同？又有什么关系？

革命前辈的理想更多是为社会、为全人类作贡献，他们不惜为此牺牲个人利益甚至生命。即"他们的生活理想，正是我们的理想生活"。这才是理想的至高境界。正是他们的牺牲，才换来我们今天和平发展的社会，为我们实现个人理想创造了良好环境。所以，我们当然要努力奋斗实现个人理想，但更要以自己的能力和才干报效祖国，为社会的发展作贡献。而社会发展得好，也就创设了实现个人理想的良好环境。

4. 班会课小结与班会课结束

①可以用一张图小结本节课讨论的内容。（参见图 10-6）

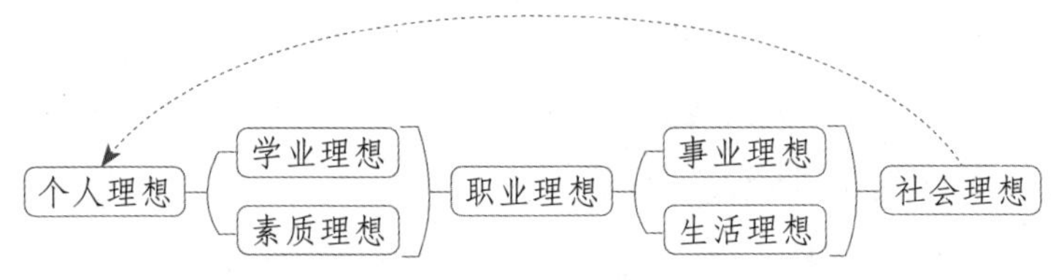

图 10-6　个人理想与社会理想

主持人：这节课拓展了我们对理想的认知。考取理想的大学、从事自己喜欢的工作是个人理想的一部分。如果把个人理想与社会理想相结合就更有意义了。我们努力实现理想，不仅是为了自己和家人过上幸福的生活，也是为了更多的人过上幸福的生活。别人的努力也在帮助我们实现理想。为理想而奋斗不是我们一个人的事。对个人来说，理想是诗和远方；对一个团队来说，理想是愿景，是一股力量；对国家和民族来说，理想是前途和希望。

②（音乐起，播放歌曲《如愿》）主持人：最后，愿我们每个同学都心想事成，梦想成真！

班会课结束。

③布置班会课作业：给十年后的自己写一封信。

这节课完全是务虚的，没有采用常规的嘉宾访谈、穿越法等，因为理想并不等于功利的目标。相比制订具体的学习计划，本节课更多的是让学生理解理想的意义，激发学生为理想而奋斗的情感。按照亚伯拉罕·马斯洛（Abraham Maslow）的需要层次理论，实现理想是属于最高层次的“自我实现需要”。

但什么是自我实现？仅仅是自己功成名就吗？这样就无法解释无数革命前辈舍生取义的行为，也难以回答“成功之后是什么”的困惑。所以，针对学生对“理想”的片面理解，本节课采用了层层推进的设计，引导学生把对理想的理解从狭隘的个人层面逐步上升到集体层面、国家民族层面，让学生理解自己的职业、事业与社会发展、社会生活的关系。

班会课选取的四个故事：学生自己的、学生家长的、班主任的、革命前辈的，正是沿着这条思路展开的。最后由班主任小结，令学生“恍然大悟”。这种编排有效突破了这节课的难点，学生的思想在不知不觉中得到升华，也达成了这节课预设的目标。

图 10-7 是班会课“心怀理想，逐梦远方”的流程图。

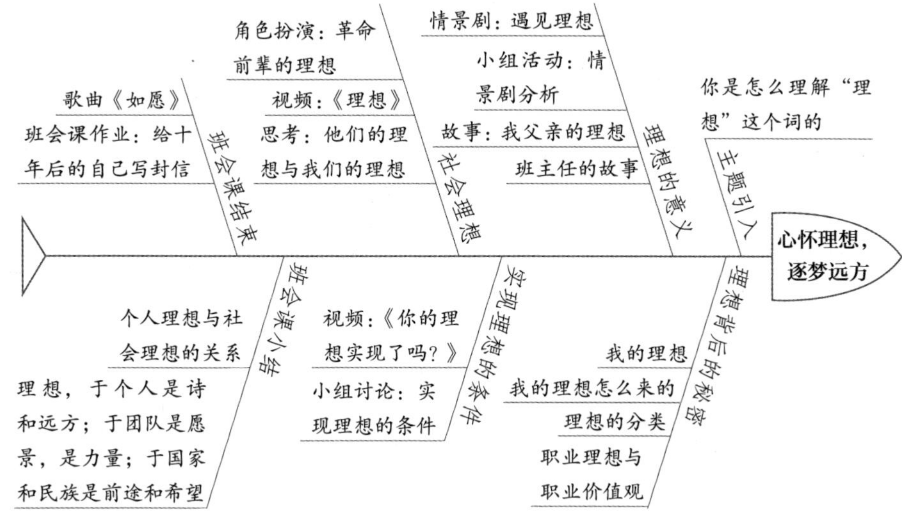

图 10-7　班会课“心怀理想，逐梦远方”的流程

思考与实践

1. 给自己设计的一节主题班会课画出流程图。

2. 整理与手机相关的问题，以“手机管理”为主题设计一个系列（不少于 3 节）班会课。

图书在版编目（CIP）数据

从此会上班会课：主题班会课设计教程 / 陈宇著
. -- 北京：中国人民大学出版社，2024.5
ISBN 978 - 7 - 300 - 32762 - 4

Ⅰ. ① 从… Ⅱ. ① 陈… Ⅲ. ① 班会—活动课程—课程
设计 Ⅳ. ① G455

中国国家版本馆 CIP 数据核字（2024）第 082712 号

从此会上班会课：主题班会课设计教程
陈宇 著
Congci Hui Shang Banhui Ke: Zhuti Banhui Ke Sheji Jiaocheng

出版发行	中国人民大学出版社		
社　　址	北京中关村大街 31 号	**邮政编码**	100080
电　　话	010 － 62511242（总编室）		010 － 62511770（质管部）
	010 － 82501766（邮购部）		010 － 62514148（门市部）
	010 － 62515195（发行公司）		010 － 62515275（盗版举报）
网　　址	http://www.crup.com.cn		
经　　销	新华书店		
印　　刷	北京华宇信诺印刷有限公司		
开　　本	720 mm × 1000 mm　1/16	**版　　次**	2024 年 5 月第 1 版
印　　张	17.75　插页 1	**印　　次**	2025 年 1 月第 2 次印刷
字　　数	250 000	**定　　价**	68.00 元